国家社会科学基金项目"基于流域生态系统特性的长江经济带农业绿色发展模式及利益关联主体协同响应策略研究"（项目号：19BGL192）

国家社科基金丛书
GUOJIA SHEKE JIJIN CONGSHU

农业绿色发展的模式与策略：

以长江经济带为例

Patterns and Strategies of Agricultural Green Development:
Example from the Yangtze River Economic Belt

张露 著

人民出版社

责任编辑:孟　雪
封面设计:石笑梦
版式设计:胡欣欣
责任校对:张杰利

图书在版编目(CIP)数据

农业绿色发展的模式与策略 ：以长江经济带为例 /
张露著. -- 北京 ：人民出版社，2024.8. -- ISBN 978 - 7
- 01 - 026725 - 8

I . F327.5

中国国家版本馆 CIP 数据核字第 2024GS7135 号

农业绿色发展的模式与策略:以长江经济带为例
NONGYE LÜSE FAZHAN DE MOSHI YU CELÜE
YI CHANGJIANG JINGJIDAI WEILI

张　露　著

人 民 出 版 社 出版发行
(100706　北京市东城区隆福寺街 99 号)

北京中科印刷有限公司印刷　新华书店经销

2024 年 8 月第 1 版　2024 年 8 月北京第 1 次印刷
开本:710 毫米×1000 毫米 1/16　印张:14
字数:200 千字

ISBN 978 - 7 - 01 - 026725 - 8　定价:56.00 元

邮购地址 100706　北京市东城区隆福寺街 99 号
人民东方图书销售中心　电话 (010)65250042　65289539

目　　录

绪　　论

第一节　农业绿色发展的现实背景与
研究意义

　　党的十八大以来,中央高度重视长江经济带的生态建设进程,认为长江流域有着独特的生态环境特征,是人类生存和发展的基础。经济带生态系统的独特性不仅表现为水资源充裕(占全国水资源总量的 36%)、水生生物多样(占全国淡水鱼类总数的 33%),供水、发电、航运和渔业等生态系统服务价值巨大。优越的光热水土配比,孕育出承南启北的丰富动植物区系,使得长江经济带成为重要的商品粮及农产品生产基地,作物播种面积占全国 40%(李裕瑞等,2015)。[①] 农业具有双重功能,在为人类社会提供生态系统产品的同时,也能够提供生态系统支持。因此,农业在为农户维持生计,为企业创造利润增长点,为消费者提供满意产品满足其营养需求的同时,又能够保护生物多样性,保证生态环境处于一个平衡的状态。

　　纵览世界农业的发展演进历史,农业除了借助外生动力进行发展,也必须根据地域生态系统的特点,激发流域系统的内生发展动力(涂圣伟,2023)。[②]

---

　　① 李裕瑞、杨乾龙、曹智:《长江经济带农业发展的现状特征与模式转型》,《地理科学进展》2015 年第 11 期。

　　② 涂圣伟:《中国式农业现代化的基本特征、动力机制与实现路径》,《经济纵横》2023 年第 1 期。

从时间视角看,农业发展初期,外生式发展模式主要由城市和工业增长带动。这种模式由于忽视了地域生态系统的特性,导致了资源与环境危机,激励农业从生产主义转型发展成为后生产主义(刘祖云、刘传俊,2018)。[①] 生产主义农业以自上而下的政策支持为基础,利用集约化、规模化与专门化的发展方式,实现产量最大化的目标,以确保国家的粮食自给能够得到满足(谢彦明等,2019)。[②] 而后生产主义农业是以自下而上的利益关联主体共同决策的基础,利用分散化、延伸化和多元化的发展方式,降低包括化肥农药在内的农业投入品的依赖,最终实现农业生产可持续性的提高(刘祖云、刘传俊,2018)。[③] 在空间视角下,从本土自然与人文生态角度出发,探究出与地域特色相符的农业发展模式是各国通行的历史经验(谷甜甜,2023)。[④]

长江经济带是我国经济实现快速发展的重要地区,而农业是长江经济带的重要支撑系统之一,尤其对于农村低收入群体的收入增长和福利改善起着重要作用。然而,长江经济带的农业发展面临着诸多挑战,具体表现为:第一,长江经济带自然资源禀赋充裕,但分布集中度低且人均占有量有限,2019年人均耕地面积仅为0.159公顷;第二,农村劳动力资源丰富,然而农业就业比例持续下降,2021年该区域第一产业就业人数仅占总就业人数的22.37%;第三,农耕文明孕育沿承千年,然而科技在农业中的应用进程缓慢,2021年该地区所拥有的机械总动力仅占全国的37.08%[⑤]。与此同时,农业发展面临气候变化的严重影响。温室气体排放增加造成气温与降水等气候改变,地球表面

---

① 刘祖云、刘传俊:《后生产主义乡村:乡村振兴的一个理论视角》,《中国农村观察》2018年第5期。

② 谢彦明、张连刚、张倩倩:《农业多功能视域下乡村振兴的逻辑、困境与破解》,《新疆农垦经济》2019年第4期。

③ 刘祖云、刘传俊:《后生产主义乡村:乡村振兴的一个理论视角》,《中国农村观察》2018年第5期。

④ 谷甜甜、戴雅楠、车瑞昱等:《中国乡村振兴研究评述与展望》,《中国农业资源与区划》2023年第12期。

⑤ 长江经济带发展统计监测协调领导小组办公室:《2022年长江经济带统计年鉴》,中国统计出版社2022年版。

的平均温度在过去 130 年内升高约 0.85℃,在全球变暖的背景下,预测到本世纪末将上升 0.3—4.8℃,而气温每上升 1℃,粮食将减产 10%;与此同时,无序过度开发造成耕地与草场等资源短缺,相关研究数据表明,经济带农田面积缩减了 7.5%;此外,在愈加严峻的气候变化以及不适宜的人类活动的影响下,长江经济带的自然湿地面积的数量和面积正不断减少,经济带中因围垦造成的湖面减少相当于五大淡水湖总面积的 1.3 倍(徐雨晴、肖风劲,2021)。①因此,当前背景下亟须因地制宜地探索长江经济带农业绿色发展的实现途径,优化农业生产结构和区域布局,促进农业生产要素自主有序流动,提高农业生产要素配置效率,并扎根长江经济带保育流域生态系统,发挥流域内重要的生产优势,实现"产出高效、产品安全、资源节约、环境友好"的农业生产。

　　在此背景下,本研究立足于解决的现实问题是,如何基于流域生态系统特性实现长江经济带农业绿色发展? 利益关联主体如何协调以保障绿色发展方案有效实施? 为科学回答上述问题,本研究旨在通过对长江经济带生态系统与农业生产的互动机制与优化模式的探索,揭示政府、企业、农户与消费者多元利益关联主体在实施农业绿色发展中的协同机制与行为策略。本研究属于经济学、管理学等多学科的交叉领域,其理论意义在于:第一,揭示长江经济带生态系统特性及其与区域农业生产的耦合关系,丰富和发展生态系统理论。本研究将结合熵值法、加权 TOPSIS 法以及耦合协调模型等研究方法,解析长江经济带生态系统特性及其与区域生产的协调关系。第二,揭示政府、企业和农户等多元利益主体参与农业绿色发展的协同机制,丰富和发展协同理论与行为改变理论。本研究将构建模型并进行策略仿真分析,探析政府、农户、企业和消费者等多元利益主体在农业绿色发展情境下的策略。

　　本研究旨在探究长江经济带生态系统与农业生产的互动机制与优化模式,以及多元利益关联主体在农业绿色发展中的协同机制与行为策略,其实践

---

① 徐雨晴、肖风劲:《气候变化背景下长江经济带生态环境状况变化及其研究综述》,《云南地理环境研究》2021 年第 2 期。

意义在于：第一，衔接本土内生与区际外生动力，探索长江经济带农业绿色发展模式及布局优化方案，为经济带农业发展的顶层设计提供依据。本研究将梳理农业绿色发展脉络，发掘农业绿色发展的原理，并结合经济学理论对多目标布局进行优化分析，探索长江经济带农业绿色发展模式及优化布局方案，为长江经济带顶层设计提供现实证据。第二，衔接农业生产与产品消费系统、行政与市场手段，规划利益关联主体的行为期望与干预策略，提升其农业绿色发展的参与度与参与绩效。本研究将分别基于农地规模经营和服务规模经营推动多元利益主体实施绿色发展模式的逻辑推理，结合长江经济带的农户微观调查数据，检验利益关联主体的行为期望与干预策略，为多元主体参与长江经济带农业绿色发展提供现实依据。

第二节　农业绿色发展的既有探索与实践经验

当前我国农业发展面临着资源环境约束加剧、面源污染严重、产品品质需求升级等诸多压力和挑战，对农业可持续力和国际竞争力形成空前制约，因此迫切需要转变传统农业发展方式，寻找新的突破口，实现良好生态环境和农业绿色发展。本研究主要从生态良好及其推动机理、生态系统与农业生产的互动、绿色发展模式及其优化以及利益关联主体参与农业绿色发展等四个方面对农业绿色发展的相关研究进行总结。

一、生态良好及其推动机理的研究

良好的生态环境，是农村的最大优势和宝贵财富，也是乡村振兴的重要支撑点。从已有研究和现实情况来看，生态良好及其推动机理主要围绕以下四个方面展开，分别为生态良好的本质、生态良好的标准、生态良好的规律以及生态良好的经验。

（一）生态良好的本质

既有对生态良好的本质的讨论主要聚焦于生态良好的概念内涵与价值意义。

1. 什么是生态良好？——生态良好的概念内涵

在现代社会的概念里，一方面，"生态"被认为是各种生物体在自然条件下的存在以及生活情况；另一方面，也泛指生物体的生理特性及习性（俞可平，2005）。[①] "生态"的概念内涵从生物的个体界定展开，随着研究不断深入，其概念内涵涉及的领域逐渐丰富。关于"生态"内涵的演变大致可归结为三个阶段：

第一阶段：生物有机体与周围环境之间的关系。希腊是"生态"一词的起源地，最初其概念是指生物的栖息地，同时也指人类的生存及生活环境。1866年德国生物学家赫克尔将"生态"定义为生物有机体与周围外部世界生物相互关系（于贵瑞等，2021）[②]。

第二阶段：人与人文环境、自然环境间的关系。随着经济社会的不断发展，"生态"一词的概念内涵也开始不断地深化，概念主体逐渐以人类为主要研究对象。最初生态的概念主要为人类和其他生物以及非生物的关系范畴，后逐渐演变为人与人之间的关系范畴。从此阶段开始，生态的概念内涵包含了自然和人文两个层次（丹尼斯·米都斯等，1997）。

第三阶段：注重自然界中各种关系的和谐统一。在此阶段，"生态"的概念内涵从自然界的生命世界扩展到非生命世界。1991年，荷兰政府机构出版了《生态城市：生态健康的城市发展战略》，此发展战略将"生态"界定为一个有参与性、活力、效率和责任的统一集合体。从此阶段开始，"生态"的概念

[①]　俞可平：《科学发展观与生态文明》，《马克思主义与现实》2005年第4期。

[②]　于贵瑞、王秋凤、杨萌等：《生态学的科学概念及其演变与当代生态学学科体系之商榷》，《应用生态学报》2021年第1期。

内涵涉及实现经济、文化以及社会等多种层面的公正与和谐(王如松,1988①；黄光宇、陈勇,2002②)。

综合来看,目前学界对"生态良好"含义的理解大致有三个层面：一是指一种自然生物有机体内部的和谐发展(肖显静,2017③)；二是指追求实现人与自然的自然性、能动性以及社会性三方面的和谐发展；三是指追求实现不同主体与自身周围生态环境的和谐发展(田启波,2021④)。

2.为何要生态良好? ——生态良好的价值意义

自然是人类社会生存与发展的基础,是各种生物体生长发育的摇篮。在生态危机严重性日益凸显的现实背景下,良好的生态环境对人的生产和生活意义重大。

良好的生态环境对经济生产具有决定意义。一方面,良好的生态为经济生产提供原材料。从自然条件的经济属性出发,良好的生态环境是可以成为人类社会生活资料的自然资源,例如,地力较高的土地以及拥有丰富渔业资源的湖泊河流等,"在文化初期,第一类自然富源具有决定性的意义"⑤。丰富的自然资源为经济生产提供必需原材料,如铁、煤炭、木材等,是经济生产的基础。另一方面,良好的生态可提高经济生产效率。除人类社会生活资料外,良好的生态环境是可以提供劳动动力的自然资源,如河面开阔可以让船只开动的河流、动力充足的瀑布以及各种类型的金属以及煤炭等。首先,对于生产而言,生产过程需要考虑生态因素,包括水能、风能、太阳能等自然力。受社会生产力和自然科学影响,生态因素与社会因素相结合,最终形成可以改造社会的力量。劳动力在经济生产中借助水能、风能等自然势能进行生产,例如,在社

---

① 王松如：《高效·和谐:城市生态调控原则和方法》,湖南教育出版社1988年版。
② 黄光宇、陈勇：《生态城市理论与规划设计方法》,科学出版社2002年版。
③ 肖显静：《加快构建中国特色生态哲学》,《人民周刊》2017年第22期。
④ 田启波：《习近平生态文明思想的世界意义》,《北京大学学报(哲学社会科学版)》2021年第3期。
⑤ 《马克思恩格斯全集》第43卷,人民出版社2016年版,第537页。

会发展初期阶段借助风能、水能进行大宗货物长途运输,和传统陆运相比有更高的运输效率。其次,"劳动生产力是由多种情况决定的,其中包括:工人的平均熟练程度,科学的发展水平和它在工艺上应用的程度,生产过程的社会结合,生产资料的规模和效能,以及自然条件"①。一般而言,生态状况影响劳动生产力的生产情况,例如,土地肥力差别会造成同等劳动力收获不同质量和数量的农产品。社会生产力和生态环境相互交织和相互依存,联合作用以提升生产效率。

良好的生态环境是保障社会生活的基础。一方面,良好的生态保证人类的精神生活。环境也是民生,青山和蓝天也是人民的幸福源泉。随着生产水平的不断提高,在物质需求被不断满足的当下,人民对精神生活的追求已越来越突出。物质决定意识,意识的形成不能离开物质。人类生活在生态环境中,其精神生活的满足离不开生态环境。生态环境由丰富的生物组成,具有美学、文化、科学、教育的价值。生态系统的这些功能不产生直接的生产与消费价值,但可以满足人类生存的精神层面的要求及探索的欲望。另一方面,良好的生态维持稳定的生活环境。当前全球气候变暖加剧、大气污染、雾霾现象日益严重,生存环境日益的恶化加剧了人类的生存危机。生态环境的生态服务功能可以维持生物地化循环与水文循环,保证生物物种与遗传多样性,实现大气化学的平衡与稳定。因此,良好的生态环境可以为人类的生存创造稳定的生活环境。

综上,现有研究在概念界定方面主要关注生态良好在自然生态层面的含义,着重强调了自然生态对经济生产和社会生活的价值意义。然而,生态是自然生态和人文生态的统一,现有研究相对忽视了人文生态的阐释(李旭华,2013)②。在国家强调关注人民对美好生活的向往,注重发展精神文明的当下,关注生态良好不仅需要关注自然生态,更需要关注人文生态,要构建起既

---

① 《马克思恩格斯选集》第 2 卷,人民出版社 2012 年版,第 100 页。
② 李旭华:《论马克思的人文生态思想》,《理论月刊》2013 年第 1 期。

高效又公平的人文生态,统筹重视自然生态和人文生态在推进生态良好建设中的重要意义。

(二)生态良好的标准

既有对生态良好的标准的研究主要关注生态良好的维度与标准。

1.生态良好的维度——生态良好的测度指标

既有生态良好维度研究的空间尺度包括国家级、省级、城镇及特定区域(矿区、村庄、岛屿等)四种尺度;研究对象在宏观层面涉及整个生态系统,微观层面包括陆地和海洋,其中陆地主要包含森林、草地、耕地、湿地、水域等(秦伟山等,2013)[①]。尽管空间尺度和研究对象存在差异,总体上生态良好可划分为自然、经济以及社会三个维度。

(1)自然维度。自然维度主要包括生态系统健康、生态承载力和生态脆弱性。生态系统健康是指为满足人类社会合理要求的能力和生态系统本身自我维持与更新的能力,度量层面主要包括活力、组织和恢复力三个基本方面,其各方面的关键指标分别包括国民生产总值、多样性指数以及种群恢复时间等(肖风劲、欧阳华,2002)[②]。生态承载力是指生态系统满足人类社会系统可持续发展的一种支持能力,主要涉及社会经济发展状况、资源环境情况和生态状况三个基本层面,其各层面的关键测量指标分别包括经济密度、人均自然资源量和生物丰度指数等。生态脆弱性是指特定的生态系统对外部影响的反应,主要从时间和空间两个层面进行测量,主要涉及生态敏感度、生态弹性度和生态压力度三个基本方面,其各方面的关键指标分别包括地质灾害情况、生态活力、人口压力等。

---

① 秦伟山、张义丰、袁境:《生态文明城市评价指标体系与水平测度》,《资源科学》2013年第8期。

② 肖风劲、欧阳华:《生态系统健康及其评价指标和方法》,《自然资源学报》2002年第2期。

（2）经济维度。经济维度主要包括生态经济效益和生态效率。生态经济效益是指生态系统提供的产品与服务的经济价值，如生态系统维持大气平衡，合成有机物以及保持水土等生态服务的经济价值，主要涉及直接经济价值、间接经济价值以及非利用价值三个基本方面，其各方面的关键指标包括动植物产品价值、调节气候价值以及遗产价值等（杨锁华等，2018）[①]；生态效率是指在某一时间段内增加的产品与服务的经济价值与环境负荷的比值，其中产品与服务的经济价值可用地区生产总值或总产出表征，生态环境负荷则包括资源消耗与污染排放两部分，分别可用直接原料投入量和包括废水废气在内的各种污染物的排放量等指标测算。

（3）社会维度。社会维度主要包括生态文化、生态文化健康和生态福利。生态文化是指人类通过精神满足、认知能力的发展、娱乐以及审美体验等方式从生态系统中所获取的非物质收益，主要关注的是生态系统的美学特征，其测度指标包含生态系统的静态美、动态美等。生态文化健康从生态系统健康演化而来，主要是指在不损害任何重要的生态过程和文化生命力的前提下，达成自然与文化的动态交互与协同进化，度量层面主要包括自然健康和文化健康两个基本层面，其各方面的关键指标分别包括生物和景观多样性，以及万人文化机构数和环保投入占 GDP 的比重等。生态福利与生态效率的定义相类似，主要关注的是社会福利水平和生态资源消耗实物量的比重，其中客观福利水平测度指标主要包括国内生产总值、真实发展指数以及综合福利指数如人类发展指数等。

2. 生态良好的算法——生态良好的测度方法

学界既有研究测度生态良好时，首先将确定各维度和各指标的权重，接下来将评估生态良好的现状或对未来趋势进行预测分析（侯孟阳、姚顺波，2018[②]）。因

---

① 杨锁华、胡守庚、瞿诗进：《长江中游地区生态系统服务价值的地形梯度效应》，《应用生态学报》2018 年第 3 期。

② 侯孟阳、姚顺波：《1978—2016 年中国农业生态效率时空演变及趋势预测》，《地理学报》2018 年第 11 期。

此,本书将从权重确定、评价计算以及预测分析三个方面对生态良好的主要测度方法进行归纳总结。

(1)权重确定。主要方法包括 AHP、层次分析法、德尔菲法、主成分分析、熵权法、因子分析法、权重二次分配法(黄洁等,2015①)及非线性主成分聚类分析法(孙才志等,2021②)等。

(2)评价计算。主要方法包括层次分析法、健康距离法、生态足迹法、人类净初级生产力占用法、状态空间法、能值分析、景观生态学法、物元可拓法、条件价值法、市场机会法、数据包络分析、随机前沿分析(成金华等,2014③)、主卦赋分法与集对分析法等(盖美等,2022④)。

(3)预测分析。主要方法包括马尔可夫模型预测、时间序列预测、最小方差预测、灰色预测模型、系统动力学模型、经验模态分解法、聚类分析、BP 神经网络方法、核密度估计(郭炳南等,2022⑤)及马尔科夫概率转移矩阵法等。

综上所述,现有生态良好的标准研究关注了生态良好在自然、经济及社会维度的表现,并用定量研究方法确定生态良好指标权重、计算和预测生态良好的现状及未来趋势。然而城市和乡村的自然要素禀赋差异巨大,同时城乡生产中对自然依赖性程度也存在巨大差异。现有生态良好的研究多将城乡作为一个整体予以分析,忽视了城乡中存在自然要素禀赋和资源环境约束特征的差异。因此,评估区域内生态良好状况时应在肯定城乡生态差异客观性的基础上设置标准和进行计算。

---

① 黄洁、吝涛、胡灯进:《基于网络分析的生态建设评估指标体系定量选取——以福建省为例》,《生态学报》2015 年第 3 期。

② 孙才志、李博、郭建科、彭飞、闫晓露、盖美、刘天宝、刘锴、王泽宇、狄乾斌、赵良仕、刘桂春、钟敬秋、孙康:《改革开放以来中国海洋经济地理研究进展与展望》,《经济地理》2021 年第 10 期。

③ 成金华、孙琼、郭明晶、徐文赟:《中国生态效率的区域差异及动态演化研究》,《中国人口·资源与环境》2014 年第 1 期。

④ 盖美、何亚宁、柯丽娜:《中国海洋经济发展质量研究》,《自然资源学报》2022 年第 4 期。

⑤ 郭炳南、唐利、姜彦彦、张浩:《中国生态福利绩效的区域差异、分布动态与随机收敛研究》,《生态经济》2022 年第 5 期。

（三）生态良好的规律

既有对生态良好的规律的研究主要关注生态良好的内在规律和系统融合的规律。

1. 生态良好的规律——生态良好的内在逻辑

马克思生态思想包括自然生态思想和人文生态思想，是自然与人文维度的统一。因此，本节将从自然生态和人文生态两个方面分别阐述生态良好的规律（李旭华，2013[①]）。

自然生态的演化发展与自然本底因素有关，同时受人类活动影响，是自然因素与人为因素相互作用、彼此叠加的结果。自然因素是特定区域内生态系统本身具有的生态基础条件，如地形、水文、气候以及其他自然因素等。其中，地形因素包括海拔、坡度等；水文因素包括河网密度、地表水资源和地下水资源等；气候因素包括降水、温度；其他自然因素如植被覆盖状况、土壤类型等。人为因素包括经济发展、政府因素、环境治理等。其中，经济发展包括 GDP 密度、地区生产总值增长率等；政府因素如退耕还林工程、政府规制等；环境治理如工业废水达标率、空气质量优于二级及以上天数比重、城市绿化覆盖率等。

人文生态是指"人与物、人与人、人与自己之间在物质、信息、能量交换基础上完成的知、情、意多层面的平衡、和谐和可持续发展的过程"，其发展演变同时受到自然因素和人为因素的影响。自然因素同样包括地形、水文、气候等自然因素。其中，地形因素包括海拔、地形等；水文因素包括河网密度、与主要河流的距离等；气候因素包括自然灾害的强度、平均降雨量和温度等。人为因素包括经济发展、生产方式、社会进步、居住环境等。其中，经济发展包括GDP 水平等；居住环境包括居住地植物景观造型等；生产方式包括各地区主要耕作或畜牧方式等；社会进步包括贫困发生率、人均预期寿命、生产技术以

---

① 李旭华：《论马克思的人文生态思想》，《理论月刊》2013 年第 1 期。

及信息传播技术发展程度等。

2. 系统融合的规律——系统融合的理论机理

根据系统论的观点，人类社会实质上是由社会、经济和生态三个不同性质的子系统构成的社会—经济—生态复合系统。社会、经济和生态三个系统有着循环和制约的关系，社会、经济和生态三个系统之间的内部要素通过关联耦合，进一步生成级别更高的系统。一方面，生态系统是人类的社会发展和经济生产的资源与能量基础；另一方面，人类的社会发展和经济生产又反过来影响生态系统，最后社会、经济、生态三个系统相互影响，存在着系统融合的关系。

生态系统是经济生产的基础，经济生产反之影响生态系统。生态系统是开展经济活动的现实物质基础，一方面为经济生产提供初级物质资料，另一方面给予生产者维持生命机能所需的物质材料。而经济生产具有两面性。一方面，与生物机体和自然环境相匹配的经济生产可以提升生态系统的服务能力，被生产实践优化的生态系统将进一步为劳动者的体力和智力的提升创造条件，为劳动者利用自然物质创造更先进的技术工具创造环境，最终实现生产效率和实践深度与广度的提升；另一方面，与生态系统和谐发展相悖的生产实践则将破坏和污染生态系统，被生产实践破坏的生态系统的脆弱性将提升，最终影响到可持续生产。

生态系统是社会生活的基础，社会生活反之影响生态系统。生态系统是人类社会生活的物质基础和精神基础。个体通过利用不同类型的工具，通过生活实践来利用生态系统，以获得生存所需的自然资源，如空气、水等，以及创造食物、衣物等必需的物质生活资料，实现自己的目的和需要；同时，个体将在精神层面加工生态系统中的自然物，使其成为精神食粮，丰富休闲娱乐形式，提升自身的文化素养。而社会生活同样具有两面性。一方面，合理、节制的生活方式有利于生态系统的循环和发展，将提升个体从生态系统中获得物质资料和精神资料的数量和质量；另一方面，个体无节制的生活方式会无限制地向生态系统索取以及排放废弃物，一旦超过生态系统的最大承受范围，将对生态系统造成破坏和污染,而被破坏和污染了的生态环境将反过来对人类后续的生活状况造成影响。

社会、经济、生态三个系统相互联系、密不可分,存在着系统融合的关系。在社会、经济、生态三者关系中,经济生产是为了完成社会生活,但其实现过程不能以破坏生态为代价,人类所必需的物质产品以及生活服务均在经济生产活动中实现;而生态则承担着为经济生产活动提供初始物质基础的服务。在此基础上,社会、经济、生态互相融合渗透。生态系统和社会系统分别是生产系统的物质基础和社会基础。生态系统和经济系统则从物质层面影响社会空间结构以及从非物质层面影响社会文化,造成不同地域范围内的社会生活系统中呈现各异的自然地理和人文特色;而社会系统是人类生产、生活的空间基础,同时也是人类创造物质产品和精神产品的关键地区。

综上所述,现有研究主要从自然生态和人文生态两个方面分析生态良好的内在规律,同时强调根据系统论的观点,社会、经济和生态之间存在物质循环、交互制约的系统融合关系。现在强调生态良好是将其作为一种服务社会经济发展的工具。但现在生态良好已经成为人类文明进步的目标,同时要关注到生态是个系统,需要系统探讨其同经济目标(即生产发展)以及社会目标(即生活富裕)的关联。

(四)生态良好的方案

国内关于生态良好的内部实践主要从强化顶层设计部署,完善制度体系建设以及弘扬传统生态文化三个方面开展。

一是强化顶层设计部署,构建生态战略框架。良好的顶层设计可以在全国形成一致的改革方针和目标,使得各地区在一个合理的框架内进行生态实践,以保证改革统一性。目前政府对生态建设进行了总体部署和统筹协调,制定了生态建设总体方案,明确了生态建设的总体要求、重点任务、实施保障等内容,加强了中央对各部门各地区推进生态建设的统一指导。2018 年由中共中央印发的《深化党和国家机构改革方案》说明，由中央全面深化改革委员会总领改革工作的顶层设计，同时承担统筹协调和督促落实工作。从 2014 年开始，中央全面深化改革领导小组共开展四十余次全体会议，在会议中对全国的生态建设作出总体部署，并通过了数项生态文明相关的体制改革议案。目前，中共中央领衔出台了包括自然资源资产离任审计制度在内的多项生态制度，全国各地区根据中共中央出台的总体部署方针，因地制宜落实完成。

二是完善制度体系建设，强化生态制度保障。生态建设不能自发、自动地形成，因此严格的制度体系是生态建设的重要保障。中央政府目前重视生态建设全流程的制度体系。在生态建设初期，中央政府建立了源头保护制度体系，例如，自然资源资产产权制度等。在生态建设的初始阶段明晰自然资源的归属和权责，可以降低生态建设的交易成本和减少腐败行为。2015 年 9 月，中共中央、国务院印发《生态文明体制改革总体方案》，明确提出要建立自然资源资产产权制度。在生态建设过程中，中央政府建立了资源生态环境管理制度，例如，生态补偿制度等。改革开放以来，东南沿海地区通过吸收和集中中西部地区的自然资源和人力资源，实现了跨越式发展（曹瑞芬、张安录，2015①）。因此在生态建设过程中，要构建跨区域的生态补偿制度，为中西部地区的生态建设发展提供经济支撑（卢洪友等，2014②）。目前政府已经推动在京津冀、广西、福建以及广东等地试点区域间生态补偿改革工作。在生态建设末期，中央政府建立了奖惩制度体系，例如，领导干部自然资源资产离任审计制度等。合理的奖惩制度可以约束地方政府不顾生态环境的盲目决策行为，激励其根据现实情况作出长远合理规划（陈晓景，2011③）。目前，在内蒙

---

① 曹瑞芬、张安录：《耕地保护补偿标准及跨区域财政转移机制——基于地方政府经济福利视角的研究》，《中国人口·资源与环境》2015 年第 10 期。

② 卢洪友、杜亦譞、祁毓：《生态补偿的财政政策研究》，《环境保护》2014 年第 5 期。

③ 陈晓景：《流域环境纠纷解决机制建构》，《中州学刊》2011 年第 6 期。

古呼伦贝尔、陕西延安等地区已经开始进行领导干部自然资源资产离任审计试点。

三是弘扬传统生态文化,加强生态环境教育。人是生态建设的主体,但其无节制、不合理的生产生活方式也是导致生态失衡的主要原因。正确的意识可以指导实践促进事物的发展。因此,生态建设要关注顶层设计和制度保障,从根本上有效推进生态建设必须增强人内心的生态保护意识。我国传统文化中蕴含着丰富的生态智慧。例如,儒家的"天人合一"强调人是自然界的一部分,人与万物存在同根同源的关系;道家的"道法自然"主张以"道"为最高标准,顺应"自然",实现天和人的和谐统一;释家的"万物平等"认为世间万物没有明显的等级界限,大千世界万事万物都处于平等的状态。生态建设强调人与自然和谐发展,与传统文化中蕴含的生态理念一脉相承。因此,以弘扬传统生态文化方式加强生态环境教育,提升民众的生态保护意识,对于生态建设具有重要意义。

二、生态系统与农业生产的互动研究

目前关于生态系统与农业生产的互动研究,学界主要从生态与经济的耦合关系、农业生态效率评价与改善、农业面源污染影响与治理以及农业废弃物资源化利用等四个方面进行。

第一,生态与经济的耦合关系。已有研究表明,总体上我国农业生态效率与经济发展的耦合协调度高,且耦合协调度呈不断上升的趋势,目前协调程度已从中度协调过渡到极度协调,但区域间存在差异化特征。例如,西北地区农业生态与经济系统的耦合协调程度较低,仍存在较大的提升空间,而东部地区农业—经济耦合程度较高,但地区间存在发展不平衡的特点。政府加大创新研发力度、提高外资准入门槛、建立环境治理合作机制是提高生态与经济耦合协调度的关键。

第二,农业生态效率评价与改善。已有研究表明,总体上我国农业生态效率呈现"东西两头高、中部较低"的特征，东部沿海一带农业生态效率较高，大部分西部、中部省份农业生态效率发展较为缓慢。除此之外，农业科技对农业生态效率的影响大小随农业科技水平的增加有所变化；东、中、西部农业科技对农业生态效率的门槛效应存在差异，东部采用农业科技提升农业生态效率先于西部和中部。为提升我国农业生态效率以及缩小区域的发展不平衡，要加大环境规制力度并完善绿色考核机制，提升农业科技水平并发挥东部先进农业技术的带动作用。

第三，农业面源污染影响与治理。已有研究表明，农业面源污染，一方面是造成我国水体污染的主要原因，诱发水体富营养化，破坏水下生态系统，对人畜的饮水安全造成严重威胁；另一方面使得广大农村地区出现土地贫瘠和板结等问题，严重制约农业可持续发展。为应对农业面源污染的负面影响，我国政府出台了命令控制型政策（通过法律法规等强制手段限制相关责任主体的污染排放行为，如征税或直接规定污染的排放量等）和经济激励型政策（通过经济激励引导相关责任主体的亲环境行为，如对购置污染减排设施进行补贴等），引导农业从业者朝着亲环境行为转变。

第四，农业废弃物资源化利用。已有研究表明，利用农业机械设备或利用动物过腹实现农业废弃物还田，以农业废弃物为原料培育食用菌，或制取沼气并成为工业原料，用于生物质发电等是目前我国常见的农业废弃物资源化利用方式。目前我国农业废弃物资源化利用水平较低，仍处于发展阶段。尽管我国农业废弃物资源化领域的某些技术逐渐发展成熟，但相关配套技术和设备的研发和生产无法跟进；相关生物技术无法与机械设备和生物技术实现配套兼容，其机械设备的工艺水平长期滞缓难以提升，是造成我国农业废弃物资源化利用无法得到大面积推广，其经济价值难以充分实现的主要原因。

已有研究重点聚焦农业生产对生态系统的负向影响及其修复补偿。然而，农业不仅基于生态系统提供产品，而且具有生态系统服务功能。长江经济带农业生产对生产系统的保育价值，如固碳、保持水土、调节局部小气候、维护生物多样性等多方面的功能等,仍需进一步探索和讨论。

三、绿色发展模式及其优化研究

目前关于绿色发展模式及其优化研究,学界主要从农业绿色发展模式的理论探讨、绿色生产效率的实证检验以及绿色技术的研发推广三个方面进行。

第一,农业绿色发展模式的理论探讨。已有研究表明,目前我国绿色发展模式主要有以下四种类型:第一,在浙江省发展的全域绿色农业;第二,在上海市发展的都市现代绿色农业;第三,在河北省发展的旱作节水农业;第四,在青海省开展的生态畜牧业。尽管我国部分地区开展了促进绿色农业快速发展试点工作,但实现相关发展的重点技术仍处于研发阶段,促进技术创新的机制体制仍不成熟,先进地区优秀经验的推广及示范作用仍需进一步推广,目前,我国绿色农业的先进试点工作仍在初级阶段。为推进我国农业绿色化快速发展,各地政府要挖掘自身优势,科学选择绿色农业发展模式;加大基础设施投入力度,做好绿色农业发展的要素保障;增强绿色农业技能培训力度,提高农民能力和素质(郑玉雨等,2023[①])。

第二,绿色生产效率的实证检验。已有研究表明,中国农业绿色生产效率呈缓慢上升趋势,但总体仍然偏低,存在区域差异明显的特点(王翌秋等,2023[②])。目前,农业绿色生产效率高的省份主要分布于东南沿海地区以及一部分西部省份,而低效率省份则位于华北平原,空间整体上呈现出中部向南和向北增加的特点,但此种区域间差异目前存在缩小的趋势。而人均 GDP、劳动力素质、农业科研投资、农作物受灾面积、农业生产社会化服务等是影响农业绿色生产效率的重要因素。

---

① 郑玉雨、葛察忠、于法稳:《低碳视角下农业集约化、绿色化与资源再生化的实现机制研究》,《华中农业大学学报(社会科学版)》2022 年第 1 期。

② 王翌秋、徐丽、曹蕾:《"双碳"目标下农业机械化与农业绿色发展——基于绿色全要素生产率的视角》,《华中农业大学学报(社会科学版)》2023 年第 6 期。

第三,绿色技术的研发推广。已有研究表明,由于环境资源保护的公共属性以及知识溢出的正外部性特点,和普通技术相比,绿色技术的研发推广需要企业、市场和政府的三重合力。有学者认为,市场机制对创新资源配置的作用更有效,因此在市场导向下的绿色技术创新比政府推动下的技术研发推广效率更高。但也有学者认为,政府研发资助能有效抵冲绿色技术创新推广的正外部性及资金短缺现象,从而使绿色技术创新推广效率达到社会最优水平。

已有研究重视生产端绿色发展以及现代高效绿色科技研发与推广。然而,首先,农业绿色化并非等同于生产流程绿色化,产后环节(如储藏的防霉保鲜与虫害防治)和消费环节(如需求引导与浪费节制等)均对农业绿色化至关重要。其次,农业绿色科技发展方案设计需要考虑地域生态的多元化特征,及其引致的绿色技术需求异质性现象;需要重视经验性种养知识,这些知识契合本土生态且经由本地农户长期传承,对保护生态多样性具有重要贡献。

四、利益关联主体参与农业绿色发展研究

目前关于利益关联主体参与农业绿色发展研究,学界主要从政府促进农业绿色发展、农户绿色技术采纳以及农户实施绿色生产的福利改进三个方面进行。

第一,政府促进农业绿色发展。已有研究表明,由于绿色技术具有保护生态环境的特点,因此和普通农业技术相比,农户在采纳绿色技术的过程中可能存在外部性。由于负外部性会带来资源配置的效率的扭曲,从而造成市场低效率的结果。为解决该问题,学界的主流观点认为可通过制度安排将不同类型的经济主体,在生产活动中创造的社会收益转化成为个人收益,从而激励其积极参与具有外部性的生产经营活动。目前政府常用的政策手段包括征税和补贴以及明晰产权等。上述方式中,政府的相关约束和激励手段会对农户的

绿色生产行为造成直接影响。一方面,政府激励政策可以对在生产过程中采纳绿色技术的农户提供直接补贴,此项政策会在一定范围内直接降低其采用绿色生产性的经济成本,提高经济收益,最终激励农户的绿色生产意愿。目前相关研究已经指出,农业补贴是效率最高的政府激励策略之一。另一方面,政府约束政策主要从食品安全角度出发,对农户的生产过程进行约束和规范,对农产品的农药残余等食品安全方面进行监督管理,从而侧面激励农户的绿色生产行为。

第二,农户绿色技术采纳。已有研究表明,在现实农业经营过程中,农户的绿色技术采纳程度较低且采纳过程不规范,同时农户采纳绿色技术的意愿与行为背离的情况普遍存在。例如,目前我国测土配方施肥技术采纳率不足,在样本地区有74%的农户未采纳测土配方施肥技术,7%的农户经历测土但并未完全按照测土结果进行施肥,仅19%的农户完全按照测土结果进行施肥;同时,73%的农户存在有机肥施用意愿与行为背离。农户绿色技术采纳状况主要影响因素有,农户的自身状况,包括年龄、受教育程度、性别以及外出务工经历等;农业经营特征,例如,经营规模、地块、土壤肥力、灌溉条件等;农户心理认知,涉及品种特性认知、风险偏好、自我效能认知、效益认知等;市场与政府等外部因素,涵盖农业补贴、市场信息不对称程度、农业保险等。

第三,农户实施绿色生产的福利改进。已有研究表明,绿色生产从以下两方面提升农户福利。一方面,绿色生产可减少农用化学品投入,具有良好的环境效益。绿色生产技术如测土配方施肥在减少养分投入的情况下,能够保障水稻产量,且提高磷钾肥利用效率6.35%—28.59%,降低氮流失量36%,降低化肥施用量0.09%(0.45千克/公顷)。同时,与无秸秆常规施肥相比,"秸秆全量覆土还田+常规施肥"的绿色施肥方式,显著降低总氮径流流失总量和总磷(TP)径流流失总量的10.75%和1.45%。另一方面,绿色生产可提高农户收入水平,具有良好的经济效益。绿色生产技术可提高水稻产量,农户的绿色生产技术采用率每增加1%,水稻单产提高0.04%(2.91千克/公顷)。同时,采纳绿色防控技术的农户在每亩茶叶利润、家庭可支配收入要分别显著高出8.73%、4.43%,而在不同的绿色生产技术中,节水灌溉技术采纳的增收效应最为明显。

已有研究重视政府和农户主体对农业绿色发展的激励和推动作用。然而,企业与消费者从市场端出发对农业绿色发展的拉动作用未得以充分探讨。与农地规模经营思路并举,发展企业服务规模经营被认为是促进农业现代化的重要举措,此举可增强农业生产投入规范性以减少生态破坏。同时培育消费者形成有益健康的科学膳食结构、本地农产品偏好以及避免浪费的行为习惯,是发达国家促进农业可持续发展的重要举措。

第三节　研究内容、方法与技术路线

本研究遵循"经验分析—机理挖掘—模式构建—协同规划—保障实施"的逻辑思路,基于流域生态系统特性探析长江经济带农业绿色发展模式及利益关联主体协同响应策略,具体内容框图如图 0-1 所示。

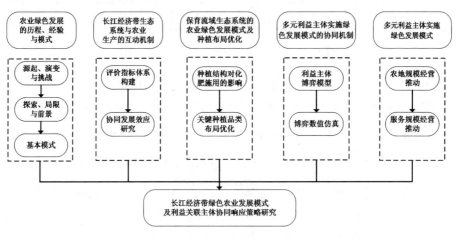

图 0-1　内容框图

资料来源:笔者整理而得。

一、研究内容

（一）农业绿色发展的历程、经验与模式

第一，探究农业绿色发展的含义及演变发展，并从时间特征与空间规律方面分析农业绿色发展的过程，指出目前我国农业绿色发展所遇到的主要现实挑战；第二，梳理农业绿色发展的国际国内经验，分析目前我国农业绿色发展遇到的现实局限，并根据现实情况进一步分析农业绿色发展的未来前景；第三，从理论根源到实践路径两个角度出发，分别探索农业绿色发展的具体运作模式。

（二）长江经济带生态环境与农业生产的互动机制

第一，以农业生态环境系统与农业生产系统为研究对象，选取 1997—2020 年长江经济带 11 省市的面板数据，基于改进的"驱动力—状态—响应"（DFSR）理论模型构建耦合协同发展评价指标体系。第二，综合运用熵值法、加权 TOPSIS 法以及耦合协调模型对长江经济带生态环境和农业生产之间的耦合系统协同发展状况和协同发展效应进行研究。

（三）保育流域生态系统的农业绿色发展模式及种植布局优化

第一，突破既有研究从肥料技术改进（如推广测土配方肥）、要素配置升级（如扩大农地经营规模）与外生力量激励（如政府提供有机肥补贴）视角的化肥用量影响因素探析，从种植结构调整角度揭示出化肥用量时间阶段性和空间分异性特征的生成机理。第二，在考虑各类作物供需均衡的基础上，构建起化肥减量目标下各区域的种植结构优化模型，并基于 2021 年种植情景揭示出各类主要粮食、经济和园艺作物的结构调整方向。

（四）多元利益主体实施绿色发展模式的协同机制

第一，分别通过政府、企业与农户三方利益关联主体的两两组合建立演化

模型(Evolutionary Game Model),通过寻求纳什均衡,探究各方主体实施农业绿色发展的可行路径。第二,运用 Matlab R2014b 软件,对核心主体的决策过程进行数值仿真,分析在产出高效与环境友好等目标约束下不同主体利用行为的演化过程,并模拟可行路径的潜在结果和实际效用。

(五)基于农地规模经营推动多元利益主体实施绿色发展模式

第一,检验农地规模经营的直接绿色生产效应,利用计量经济模型分析农地经营规模对量化后的农户绿色生产采纳行为的影响,并分别分析农地经营规模对农户采纳免耕直播、施用有机肥、使用生物农药、秸秆资源化利用的影响。第二,检验农地规模经营的间接绿色生产效应,利用中介效应模型分析农地经营规模扩大是否可通过正向影响服务外包,促进农户采纳绿色生产行为。

(六)基于服务规模经营推动多元利益主体实施绿色发展模式

第一,从农户维度出发,以云南、湖北、江苏三省的水稻种植样本农户为研究对象,选取与水稻种植密切相关的整地、播种、灌溉、施肥、打药、收割6个关键环节,对微观层面绿色生产行为及其一般化规律进行测量。第二,运用计量经济学模型,研究利益主体的生产环节外包、跨区服务对其绿色生产行为的影响,并结合1301户规模的调查数据进行实证检验。

本研究基于相关文献梳理绿色农业的缘起、探索和发展模式,然后采用定性分析与定量分析相结合的方法,主要包括熵值法与耦合协调模型、空间计量模型与目标规划分析法、博弈模型与数值仿真等,探讨长江经济带生态系统与农业生产的互动机制与优化模式,以及多元利益关联主体在农业绿色发展中的协同机制与行为策略。在不同的研究内容中,所侧重运用的方法有所不同。具体如下:

二、研究方法

（一）熵值法与耦合协调模型

熵值法是一种客观赋权法，该方法以各项指标的实际观测值所反映的信息量大小，赋予每个指标不同的权重。本研究拟：首先，围绕生态环境系统和农业生产系统两大核心，利用"驱动力—状态—响应"模型，构建耦合系统协同发展评价指标体系；其次，综合运用熵值法等方法，定量分析长江经济带生态系统与农业生产互动关系，以揭示长江经济带生态系统和农业生产之间的耦合系统协同发展状况；最后，利用耦合协调模型对长江经济带生态系统和农业生产之间的耦合系统的协同发展效应进行研究。

（二）空间计量模型与目标规划分析法

农业部将农业绿色发展的目标具体设定为，农业产出更加高效，农产品质量更加安全，农业资源更加节约，农业环境更加友好，但是使得四个子目标同时达到最优不具备现实可行性，需要在子目标间进行协调或折中处理，由此获得帕累托最优解集。目标规划分析法是一种用来进行含有单目标和多目标的决策分析的规划方法。本研究拟：首先，采用空间计量模型，分别采用邻接矩阵和距离矩阵作为空间权重矩阵，检验种植结构对化肥施用量的影响；其次，采用目标规划分析法，考虑产出高效、产品安全、资源节约、环境友好目标和相应的约束条件，构建多目标优化模型，求解实现生态安全的农作物种植结构最优结构，从农作物供给侧改革角度，基于农作物种植结构调整，探索化肥减量的新逻辑。

（三）博弈模型与数值仿真

博弈论假设博弈参与人的效用函数不仅受自身影响，还受其他参与人影响。由此,分析存在合作或竞争关系的利益分配问题时,其具有独特优势。演化博弈理论主张有限理性,认为在博弈群体中,参与人可以通过不断模仿、学习以及修正自身策略,最终达到进化稳态。本研究拟:首先,运用演化博弈模型考察政府、企业与农户在参与农业绿色发展时,彼此间的成本分担与利益分配,从而探寻主体间博弈的最终策略,并提出各主体参与农业绿色发展的可行路径;其次,在理论求解并判断出演化博弈稳态点的基础上,运用数值分析方法对演化博弈过程进行仿真模拟,具体运用 Matlab R2014b 软件,对博弈模型中的所有参数进行合理赋值,着重分析政府生态补偿、农户初始策略选择概率等变量对于演化博弈稳态点形成的影响,并模拟可行路径的潜在结果和实际效用。

本研究旨在探究绿色农业发展模式及其利益关联主体的协同响应策略,围绕"机理挖掘—模式构建—协同规划—保障实施"的逻辑思路,首先,探究农业绿色发展的历程、经验与模式;其次,分析长江经济带生态系统与农业生产的耦合机制;再次,分析保育流域生态系统的农业绿色发展模式及种植布局优化;在此基础上,探究农业绿色发展的多元主体协同机制;最后,探讨衔接利益主体实施绿色发展模式的干预策略。本研究的技术路线如图 0-2 所示。

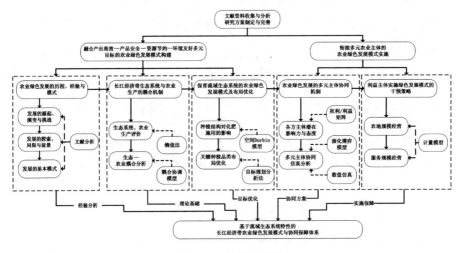

图 0-2　技术路线图

资料来源:笔者整理而得。

第一章 农业绿色发展的缘起、演变与挑战

第一节 绿色发展的内涵

联合国开发计划署 2002 年的报告中首次提出"中国应当选择绿色发展之路",这种发展方式强调人类与自然的和谐共生。2005 年,时任浙江省省委书记的习近平提出"绿水青山就是金山银山"的论断,明确表示"绝不能以牺牲生态环境为代价换取经济的一时发展"。这些观点和决策深入分析了传统发展模式,将农业经济增长的重点从追求速度和效率转向提升农民收入及实施低碳生产方式。这一转变揭示了从原始文明的"白色发展"、农业文明的"黄色发展"和工业文明的"黑色发展",向代表生态文明的"绿色发展"的根本性转变。绿色发展不仅旨在实现经济发展,同时也注重环境的保护,被定义为一种经济增长与资源消耗、碳排放、环境损害脱钩的发展方式,其核心在于通过创新市场、技术、投资以及改变消费和保护行为来促进经济增长[1],同时强调经济、自然和社会系统的共生互动和目标多元化。

在"十三五"规划中,中国明确提出农业绿色发展的理念,强调绿色是永

---

[1] World Bank and Development Research Center of the State Council, *China* 2030: *Building a Modern*, *Harmonious*, *and Creative Society*, Washington, DC: WorldBank, 2013, p.217.

续发展的必要条件，是人民对美好生活的追求。2016 年中央一号文件进一步详细阐述了这一点，标志着绿色发展成为中国农业转型的关键方向。随后，中国的"十四五"规划进一步加强了这一理念，提出农业绿色发展的具体要求，如推进农业可持续发展、加强农业科技创新、促进农产品质量安全、推动农村生态环境建设、实施绿色生产方式以及加强农业综合利用和循环经济。[1] 这些要求不仅继续推动中国农业向着更加绿色、高效、安全的现代农业体系转型，也是深化"以金山银山理念为指引，以资源环境承载力为基准"的绿色发展理念在农业领域的具体体现。因此，中国农业的绿色转型已成为确保国家食品安全、环境保护和可持续发展的重要任务。

现有关于农业绿色发展的研究主要聚焦于以下四个方面：一是关于农业绿色发展的动因研究，主要包含环境安全需求、资源安全需求、产品安全需求及贸易安全需求四类（赵大伟，2012[2]；于法稳，2018[3]）；二是关于农业绿色生产的概念内涵，旨在界定农业绿色发展的内涵与外延（尹昌斌等，2015[4]）；三是关于农业绿色发展的绩效评价，主要涵盖生产、技术、产品以及农业绿色政策的绩效评价（杨骞等，2019[5]；巩前文、李学敏，2020[6]）；四是农业绿色发展的路径探索，包括科技进步、政府补贴、规模经营、金融支持等发展路径（金书秦等，2020[7]）。总的来说，已有研究大多关注农业绿色发展的现实逻辑，在探

① 《中华人民共和国国民经济和社会发展第十四个五年规划和2035年远景目标纲要》，新华社，2021 年 3 月 12 日。
② 赵大伟：《中国绿色农业发展的动力机制及制度变迁研究》，《农业经济问题》2012 年第 11 期。
③ 于法稳：《新时代农业绿色发展动因、核心及对策研究》，《中国农村经济》2018 年第 5 期。
④ 尹昌斌、程磊磊、杨晓梅、赵俊伟：《生态文明型的农业可持续发展路径选择》，《中国农业资源与区划》2015 年第 1 期。
⑤ 杨骞、王珏、李超、刘鑫鹏：《中国农业绿色全要素生产率的空间分异及其驱动因素》，《数量经济技术经济研究》2019 年第 10 期。
⑥ 巩前文、李学敏：《农业绿色发展指数构建与测度：2005—2018 年》，《改革》2020 年第 1 期。
⑦ 金书秦、牛坤玉、韩冬梅：《农业绿色发展路径及其"十四五"取向》，《改革》2020 年第 2 期。

讨其历史背景和演变过程方面尚显不足。

　　当前，中国农业绿色发展正在稳步推进中，致力于深化绿色发展理念的全面贯彻、优化农业生产方式、丰富绿色优质农产品的供应、完善绿色发展的激励与约束机制，以实现更高质量的发展目标。因此，回顾历史起源并吸取经验，对于推动农业的绿色转型和高质量发展至关重要。据此，本章追溯农业绿色发展的历史缘起，梳理其发展脉络，意图厘清其演变过程，理顺其面临的挑战，为推进农业绿色转型与高质量发展提供借鉴。

第二节　从农业孕育到农业高效：
农业绿色发展的缘起

　　在万年前，基于对动植物生长规律的探索，人类开始驯化一批动物和植物，逐渐孕育和发展了原始农业。直至 20 世纪前，世界农业大多处于传统阶段，依赖自然生态系统的耕作模式，以小规模、低生产率为特征，主要劳动手段为人力和畜力，对自然环境依赖性强。在这一时期，传统农业积累了如畜牧结合、有机循环等生产经验，维持了土壤肥力。随着工业革命的完成，农业从为支撑社会的食物与生产要素供给，逐步走向了高效化的现代农业阶段；伴随现代科学技术的发展，农业进入了现代农业阶段。

　　从历史角度观察，农业发展经历了三次重要的绿色革命。第一次农业革命基于对动植物生长规律的摸索，标志着农业在世界各地的孕育和发展；第二次农业革命，随着社会的膨胀和扩张，农业逐步走向高效化，包括两次传统的"农业绿色革命"；第三次农业革命，即新的农业绿色革命，是为应对追求高效农业引发的资源耗竭和环境污染，农业发展开始走向绿色化。本研究将农业绿色革命作为主要参考，将农业绿色发展历史缘起划分为"孕育—高效—绿色"的发展轨迹，具体包括启蒙、加速、成熟三个阶段。

一、启蒙阶段：20 世纪前期至 20 世纪中期

随着 19 世纪工业革命的兴起，人口激增与粮食短缺的供求矛盾日益凸显。为缓解饥荒问题，发达国家通过技术改进与作物改良，提升作物品种适应性与作物产量，开展了第一次农业绿色革命。这一阶段主要依靠育种技术、高效灌溉以及化学品投入以提高产量。随着化肥、农药等化学投入品的广泛应用，出现了土地盐碱化、地下水位下降、生物多样性减少等环境挑战，这促进了社会对环境保护的广泛讨论，一些发达国家开始通过立法对传统农业生产方式进行改良。

具体地，农业绿色发展的启蒙阶段主要包含如下三个方面的特征：一是主要手段为培育与引进改良高产品种。例如，利用"矮化基因"培育出矮秆、耐肥、抗倒伏的玉米、小麦和水稻等新品种。既有证据表明，经过改良的水稻单产较 20 世纪 70 年代初提升了 63%，在拉丁美洲、亚洲等发展中国家取得了突出成效，解决了包括菲律宾在内的 18 个发展中国家的粮食自给问题。二是产量提升依赖化学品投入与灌溉管理。在增施化肥农药、增加灌溉管理的情况下，粮食单产能够实现大幅度提升。以印度为例，通过引进高产小麦品种，并辅以增施化肥、增加灌溉、投入农机等举措，实现了粮食总产量由 1966 年 7235 万吨到 1980 年 15237 万吨的飞跃，直接由粮食进口国转变为粮食出口国。三是大规模推广受到较大的资源环境约束。经过"矮化"的改良品种一方面需要较好的水肥条件，无法在土壤贫瘠、气候干旱的广大区域种植；另一方面对农业机械投入与农业基础设施建设要求较高，因而存在大规模推广的局限性。在此阶段，涌现出生态农业、有机农业等早期发展方式，农业科技进步被积极鼓励，农业绿色发展雏形在欧洲兴起，并随之涌现了一批相关的协会和社团组织，如丹麦兴起了负责农业推广的全国性农业合作社；挪威和日本采取农民组织与政府体系并存的形式；法国以及部分讲法语的非洲国家则由农民协会承担推广工作。

二、加速阶段:20世纪中后期至20世纪90年代

第一次农业绿色革命中的现代化努力被迅猛增长的人口及其压力所抵消,未能根本解决人口增长与粮食供应间的平衡问题,同时引发了资源和环境挑战。1962年,蕾切尔·卡逊的《寂静的春天》对过度使用化学药品和肥料导致的环境污染以及生态破坏进行了描述,引起了人们对生态环境保护问题的广泛讨论。1972年出版的《只有一个地球》进一步加深了人们对于人类生存与环境的认识。在此背景下,国际社会开始呼吁进行新一轮的绿色革命。20世纪中后期,第二次绿色革命兴起,主要依靠现代生物技术进行品种选育,不仅关注新品种的产量特征,还关注其营养特征,以实现粮食增产、资源节约与环境保护的统一。区别于启蒙阶段改良的促进措施,第二阶段的绿色发展措施规模更大、强度更高。

具体地,农业绿色发展的加速阶段主要包含如下三个方面的特征:一是农业生产技术主要利用现代生物技术以及生物肥料、绿色环保材料等环境友好技术,对农作物品种进行转基因改良,选育诸如超级杂交稻等转基因品种;二是农业政策工具开始由"污染治理"转变为"生态环境保护",颁布了《食品保护法》《美国环境教育法》《联邦土地管理法》等法律政策,出台了诸如"土地休耕计划""土壤保护计划"、共同农业政策等一系列农业保护措施(杜志雄、金书秦,2021[①]);三是农业发展目标更为多元,兼顾食物营养与粮食高产。即在提高粮食安全的前提下,推进农业向多样化、人本化方向发展,实现生活质量的提升和环境可持续发展。在此阶段,农业绿色发展技术显著提升,涌现出生态农业、有机农业等早期发展方式,农业生产结构进一步优化,相对抑制了农业发展带来的环境污染和生态问题。

[①] 杜志雄、金书秦:《从国际经验看中国农业绿色发展》,《世界农业》2021年第2期。

三、成熟阶段:20世纪90年代至21世纪初

传统的两次农业绿色革命通过技术改进实现了作物品种适应性与作物产量的提升,但以资源为导向、片面追求经济效益的粗放式农业生产模式没有改变,资源与环境问题尚未根本解决,现代农业发展仍然致力于解决两个主要议题:如何满足未来全球人口的粮食需求以及如何在农业生产与资源环境之间实现有效的协调。1989年皮尔斯在《绿色经济蓝皮书》中提出"绿色经济"的概念,引起了全球范围内的广泛传播与讨论。为解决追求高效农业所引发的资源耗竭与环境污染,农业发展开始走向绿色化,出现了第三次农业革命(新的农业绿色革命)。虽然各国农业向绿色发展转型的起点或早或晚,但是到20世纪90年代和21世纪初,农业绿色发展的模式和体系发展完善,农业绿色发展开始步入稳定期。

具体地,农业绿色发展的成熟阶段主要包含如下三个方面的特征:一是形成以农业为基础的绿色发展方式。世界各国通过加大科学技术投入、完善基础设施建设、健全环境与生态保护法律巩固农业的基础性地位,提升农业绿色生产率。二是融入多元化力量参与农业绿色发展。充分激活包括政府、企业、科研机构等在内的社会力量融入,密切农业与市场之间的联系。例如,兴起了一批产教融合、科教融合的职业院校以及倒逼了人才培养模式的改革。三是构成包含农业、工业和服务业绿色产业体系。为进一步解决资源环境问题,农业、工业与服务业融合发展,共同构成绿色产业体系以缓解恶化趋势。例如,中国在20世纪初实行的"工业寻求增长""农业绿色增收""社会资源环境优化"三大工程的科技发展"123"战略。在此阶段,农业绿色发展技术体系在交流与借鉴中被广泛应用。农业绿色发展的范围与内容不断扩大,农业绿色发展的关注点延展至农业与农村发展可持续上,通过了一系列政策法案保障实施。

第三节 从时间特征到空间规律：
农业绿色发展的演变

借鉴以往研究,农业绿色发展水平可通过农业绿色全要素生产率和农业绿色发展指数进行测量。首先,构建指标体系方面,学者们开展了广泛的研究并各有侧重。例如,巩前文、李学敏(2020)[①]采用指数评价法,考虑了农业绿色发展的生产、加工、消费等多个环节;樊胜岳等(2021)[②]关注农业绿色发展的各个构成要素,提出了包括农业生产、农业生态和社会经济三个维度的评价体系。其次,农业绿色全要素生产率用于衡量绿色发展。增长理论将全要素生产率(TFP)视为衡量经济发展的核心指标,能有效反映不同区域间的增长差异。将环境资源约束纳入传统全要素生产率中,可以在资源、环境与发展的统一框架内考量绿色生产率的增长,主要通过随机前沿函数和数据包络分析两种方式进行度量。显然,农业绿色发展指标体系的构建大多考虑了经济效益与环境效益的兼容性,其核心在于平衡生态环境容量和资源承载力,并贯穿于各个指标体系之中。绿色全要素生产率关注非期望产出,能充分反映农业绿色发展在经济和环境两个维度上的内涵。鉴于中国农业绿色发展的节约高效资源利用特征和维护稳定生态系统的基本要求,本研究借鉴田云等(2015)[③]的方法,使用包含非期望产出的超效率 SBM 模型(Slacks-Based Measure),对 1997—2020 年中国农业绿色全要素生产率(AGTFP)进行测算。研究结果表明,中国农业绿色发展在时间上呈现出总

---

① 巩前文、李学敏:《农业绿色发展指数构建与测度:2005—2018 年》,《改革》2020 年第 1 期。

② 樊胜岳、李耀龙、马晓杰、刘红:《数字化水平对农业绿色发展影响的实证研究——基于中国 30 个省份的面板数据》,《世界农业》2021 年第 12 期。

③ 田云、张俊飚、何可等:《农户农业低碳生产行为及其影响因素分析——以化肥施用和农药使用为例》,《中国农村观察》2015 年第 4 期。

体趋势向好、阶段性波动明显的特点,在空间上则展现出分布不均和区域间差距显著的规律。

一、农业绿色发展的时间特征

表 1-1 展示了 1997—2020 年中国农业绿色生产率的演变情况。从整体趋势来看,中国农业绿色全要素生产率经历了从初始的下降到后期波动上升的转变,这也与学者们的研究结论一致(郭海红、刘新民,2020①)。此变化趋势大致可分为四个阶段(见图 1-1)。

表 1-1   1997—2020 年中国农业绿色生产率变化

年份	绿色生产率变化指数	年份	绿色生产率变化指数
1997—1998	0.908	2009—2010	0.702
1998—1999	0.836	2010—2011	0.711
1999—2000	0.798	2011—2012	0.721
2000—2001	0.812	2012—2013	0.733
2001—2002	0.848	2013—2014	0.735
2002—2003	0.827	2014—2015	0.733
2003—2004	0.824	2015—2016	0.758
2004—2005	0.786	2016—2017	0.785
2005—2006	0.750	2017—2018	0.836
2006—2007	0.783	2018—2019	0.901
2007—2008	0.745	2019—2020	0.972
2008—2009	0.730		

资料来源:表中原始数据来自国家统计年鉴。

---

① 郭海红、刘新民:《中国农业绿色全要素生产率时空演变》,《中国管理科学》2020 年第9 期。

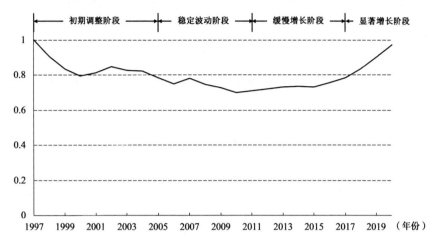

图 1-1　1997—2020 年中国农业绿色生产率累积指数示意

资料来源:笔者根据国家统计年鉴数据进行绘制。

（一）初期调整阶段（1997—2005 年）

在此期间,农业绿色全要素生产率指数从 1998 年的 1.031 降至 2005 年的 0.917,呈现下降趋势。究其原因,此下降趋势可能与农业及其他行业间资源的重新配置、农业技术进步的相对滞缓以及环境约束的加剧有关。“九五”和“十五”规划期间,中国经济的重心逐渐从传统农业向工业和服务业转移,这会引致农业资源(如劳动力和资本)的流失。尽管规划中强调农业技术的提升,但相比于工业和服务业的迅速发展,农业技术的发展和应用相对滞后,这限制了生产效率的提高。此外,快速的工业化和城市化进程可能导致环境退化,进而影响农业生产的可持续性。

（二）稳定波动阶段（2006—2011 年）

在此期间,农业绿色全要素生产率指数从 0.917 小幅下降至 0.885。这反映了中国农业正在逐步向现代化和高效率转型的趋势。在“十一五”规划中,中国政府提出了农业可持续发展的目标,推动了技术创新和结构优化。虽然农业科技的创新和转化长期有利于提升农业生产效率,但短期内可能因技术适应和普及的滞后导致生产率波动。同时,随着农业和农村投资的增加以及改革的深化,这些变革虽长期利于生产效率的提升,短期内却可能引起生产效率的波动。

(三)缓慢增长阶段(2012—2017 年)

在此期间,农业绿色全要素生产率指数从 2012 年的 0.900 增至 2017 年的 1.019,显示了渐进的增长态势。在这一时期,中国政府实施了多项政策,如《到 2020 年化肥使用量零增长行动方案》《到 2020 年农药使用量零增长行动方案》《全国农业可持续发展规划(2015—2030 年)》等,强调发展节约资源、环境友好型和生态保护的农业,重视通过科技创新和优化生产经营方式来改变农业发展模式。

(四)显著增长阶段(2018—2020 年)

自 2018 年起,农业绿色全要素生产率的显著增长标志着中国农业进入了绿色发展的新阶段。在这一时期,中国发布了五份主要的气候和环境政策文件,包括碳达峰和碳中和的"1+N"政策体系,以及更新的国家自主贡献(NDCs),加强了在全球范围内对环境保护的承诺,并实施了更为严格的环保法规,如《中共中央 国务院关于全面加强生态环境保护 坚决打好污染防治攻坚战的意见》,在农业领域推动了资源效率和环境可持续性的双重目标。

自此以后,中国始终将农业的绿色发展置于重要的战略地位。尤其是在"十四五"规划中,对于中国农业的绿色发展提出了新的、更为具体的要求。例如,该规划在其第十一篇中重点强调了"推动绿色发展 促进人与自然和谐共生"的理念,包含着提升生态系统的质量与稳定性、持续改善环境质量以及加速发展模式向绿色转型的多重要求。[①] 其核心宗旨在于，通过一系列综合性的措施，实现农业生产的生态化、资源节约化及科技化，从而促进经济发展与生态环境的和谐共生。这些政策和要求不仅体现了中国对于可持续发展的坚定承诺，同时也为全球农业的绿色转型提供了宝贵的经验与示范。

二、农业绿色发展的空间特征

表 1-2 及图 1-2 所示的数据，揭示了 1997—2020 年中国各区域农业绿色生产率的变化趋势。这些数据显示，在自然资源禀赋、经济发展水平和生态环境条件方面，中国各地区的农业生产率呈现出显著的地域差异，这也与李谷成（2014）[②]的研究结果相似。具体而言，东部地区表现出较高的农业绿色生产率，而西部地区则相对较低，中部及东北地区介于两者之间。

表 1-2　1997—2020 年中国分区域农业绿色生产率变化

年份	绿色生产率变化指数			
	东部	中部	西部	东北
1997—1998	1.031	0.946	0.764	1.089
1998—1999	0.988	0.903	0.664	1.030
1999—2000	0.946	0.894	0.638	0.880
2000—2001	0.993	0.876	0.644	0.904
2001—2002	1.028	0.905	0.674	0.982
2002—2003	1.045	0.833	0.670	0.867
2003—2004	1.087	0.842	0.646	0.830
2004—2005	0.976	0.813	0.636	0.829
2005—2006	0.917	0.786	0.606	0.821
2006—2007	1.009	0.803	0.628	0.768

---

① 《中华人民共和国国民经济和社会发展第十四个五年规划和 2035 年远景目标纲要》，新华社，2021 年 3 月 12 日。

② 李谷成：《中国农业的绿色生产率革命：1978—2008 年》，《经济学（季刊）》2014 年第 2 期。

续表

年份	绿色生产率变化指数			
	东部	中部	西部	东北
2007—2008	0.894	0.787	0.606	0.829
2008—2009	0.897	0.768	0.600	0.726
2009—2010	0.869	0.759	0.558	0.738
2010—2011	0.885	0.773	0.556	0.775
2011—2012	0.900	0.787	0.565	0.767
2012—2013	0.929	0.795	0.566	0.795
2013—2014	0.942	0.809	0.569	0.738
2014—2015	0.944	0.820	0.561	0.737
2015—2016	0.975	0.826	0.592	0.740
2016—2017	1.019	0.860	0.611	0.744
2017—2018	1.085	0.889	0.676	0.728
2018—2019	1.145	0.923	0.755	0.786
2019—2020	1.189	0.957	0.872	0.791

资料来源:表中原始数据来自国家统计年鉴。

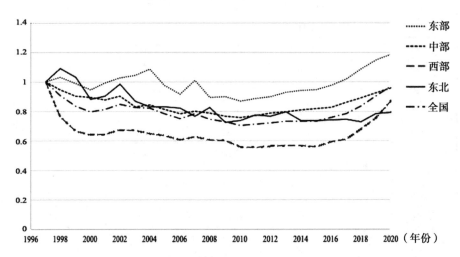

图 1-2 1997—2020 年中国分区域农业绿色生产率累积指数示意

资料来源:笔者根据国家统计年鉴的数据进行绘制。

东部地区的农业绿色全要素生产率增长最为显著,从1998年的1.031增至2020年的1.189。并且1997—2020年,东部地区的绿色生产率变化指数年均值为0.987,略低于基准值1,表明其农业绿色生产率总体稳定,经历轻微的下降。年度生产率变化平均差值为0.007,意味着东部地区呈现微小的正增长。东部地区的农业绿色生产率之所以表现出色,主要得益于东部地区优越的自然资源、较高的经济发展水平、强大的科技创新能力和积极的生态文明建设政策。具体政策包括加快产业结构升级,发展现代农业,以及鼓励经济特区和上海浦东新区在制度创新和扩大开放等方面走在前列。

中部地区的农业绿色全要素生产率指数虽从1998年的0.946稳步增长至2020年的0.957,但年均值为0.841,持续低于基准值1,显示了一定的下降趋势。然而,总体趋势的年均增长值为0.001,揭示了近年来中部地区农业生产率的稳定性。这一现象可能与中部地区在经济结构转型、农业科技创新方面的持续努力,以及政府政策支持的加强有关。中央政府自党的十六大以来,连续数年在报告中强调"促进中部地区崛起",并在"十四五"规划中重申了对中部地区的支持[1],凸显了中部地区在国家发展战略中的重要地位。

西部地区的农业绿色全要素生产率指数从1998年的0.764增至2020年的0.872,尽管年均值为0.637,显示出一定的下降趋势,但年度生产率变化平均差值为0.005,表明生产率有所改善。这一改善可能由于中国对西部大开发策略的持续投资和对生态文明建设政策的重视。"十四五"规划进一步提出了深化区域协调发展战略,包括进一步推进西部大开发,这为西部地区的持续改善提供了政策支持[2]。

东北地区的农业绿色全要素生产率指数从1998年的1.089降至2020年

---

① 《中华人民共和国国民经济和社会发展第十四个五年规划和2035年远景目标纲要》,新华社,2021年3月12日。

② 《中华人民共和国国民经济和社会发展第十四个五年规划和2035年远景目标纲要》,新华社,2021年3月12日。

的 0.791，年均值为 0.821，显示出较为明显的下降趋势，年度生产率变化平均差值为 -0.014。这一下降趋势反映了东北地区农业生产率的发展需进一步优化，这可能与其产业结构需要多样化、生态环境需要进一步改善以及经济转型需要更多支持等因素相关。东北地区的农业发展需要更多的支持和时间，以适应市场变化和环境挑战，实现转型升级。

综上所述，中国各地区在农业绿色生产率的发展上呈现不同的特点和趋势。东部地区依托经济和技术优势，表现出较为稳定的发展态势；中部地区在经历初期的下降后趋于稳定；西部地区虽然起点较低，但正逐渐展现出生产率的提升；东北地区则需要更多的政策支持和时间来改善生产率。综合来看，中国的农业绿色发展策略应注重区域特色、科技支撑、政策引导和市场机制的有机结合，以实现生态文明建设和农业现代化的双重目标。

第四节　从科技进步到绿色革命：
农业绿色发展的挑战

科技进步在农业发展中发挥着重要作用。具体地，在农业绿色发展的初期阶段，传统的育种技术和杂交技术为提高作物产量提供了科技支撑。随着生物技术的进步，尤其是分子生物学和基因工程技术的发展，农业领域经历了深刻的转型，新的耕作方式和农业形态得以形成，促进了农业的绿色转型。而在农业绿色发展的成熟阶段，生物技术的应用更为广泛，新型绿色农业技术如生物育种、智能机械以及植物生长调节剂的使用日益普及。

绿色技术的发展可分为三个主要类别：一是绿色育种技术，通过育种技术选育适应绿色农业的优良品种（杜志雄、金书秦，2021[1]）；二是绿色生产技术，其目标是实现生产过程的能耗最小化、废物减量化、资源高效利用和产品绿色

---

[1]　杜志雄、金书秦：《从国际经验看中国农业绿色发展》，《世界农业》2021 年第 2 期。

化,包括节水灌溉技术和生物防治技术等的研究与应用;三是综合技术集成,如数字信息化农业技术。尽管这些技术在一定程度上缓解了长期资源过度开发问题,并推动了农业向集约化、绿色化转变,但依赖于资源消耗的粗放型经营方式并未从根本上得到改变(葛鹏飞等,2018①)。农业绿色发展正积极探索如何在总量扩张与资源有限、农业增产与环境保护、产品供给与人民需求之间找到平衡点,为实现农业绿色发展的目标不断努力。

一是生态环境与农业经济的协同发展问题。农业绿色发展应尊重自然,保护生态环境的同时实现农业经济增长。然而,生态环境系统与农业生产存在互动关系,忽视农业生产对生态系统的保育价值与强化作用可能会割裂二者关系。据此,进一步需要思考如何实现生态环境与农业经济的协同发展,以实现农业生产效率的提高和农业减排增汇。

二是如何衔接农业安全与生态安全的综合目标。农业农村部将农业绿色发展的目标明确为"产出高效、产品安全、资源节约、环境友好"。为应对这一挑战,农业绿色发展正积极寻求解决方案,以实现子目标间的有效衔接,并迎接"碳达峰、碳中和"目标带来的新机遇。一方面,农业绿色发展以资源节约为基本特征,环境友好是其内在属性;另一方面,农业绿色发展以产出高效和产品安全为根本任务,保障粮食安全关系国计民生。据此,进一步的农业绿色发展需要思考农业安全与生态安全的综合发展问题,以保证粮食供应,维护生态保育。

三是如何协调多元利益主体实现农业绿色发展。伴随农业绿色发展的进一步深入,需要汇聚更多力量参与农业发展实践,以增强支持力量,推进农业相关的绿色项目的实施(王火根、胡霜,2023②)。例如,需要政府出台相关政

---

①　葛鹏飞、王颂吉、黄秀路:《中国农业绿色全要素生产率测算》,《中国人口·资源与环境》2018 年第 5 期。

②　王火根、胡霜:《农业绿色发展背景下资源—环境—经济耦合协调发展研究——以江西为例》,《中国农业资源与区划》2023 年第 8 期。

策予以支持引导,加大科研投入进行技术支撑;需要科研机构加大科研攻关,不断改进、突破,以科技进步支撑农业绿色发展。当前,农业绿色发展正在积极扩大参与主体,鼓励农户、企业等各方面提升参与意识,共同推进绿色发展。据此,进一步的问题在于如何吸收政府、农户、企业和消费者多元利益主体参与农业绿色发展,实现农业绿色发展模式的多元主体协同。

四是如何进一步激发农户的采纳绿色生产行为。农户绿色生产行为的采纳是推动绿色化、可持续发展农业的微观基础。农业生产者层面,需要激发农民生产者的主观能动性,自觉采纳绿色农业生产技术,开展绿色农业生产,提高资源利用率,提升农产品品质。目前,农户的激励政策以政府补贴为主要形式,正探索更多元化的激励机制,以保障补贴政策的持续有效性,同时避免长期依赖造成的潜在社会负担。据此,进一步推进农业绿色发展的问题在于如何提高农户的绿色生产行为采纳意愿,调动绿色生产的重要执行主体的积极性。

综上所述,农业绿色发展不应单纯依赖科技进步,而应在经济、社会、环境和生态效益的基础上实现协调统一。这要求进行生产、生活、生态全方位的绿色革命,以走出一条兼顾生产发展、生活富裕和生态美好的绿色发展道路。

第二章　农业绿色发展的探索、局限与前景

中国始终将稳定粮食生产作为农业发展的首要任务。据统计,2023 年,全国粮食总产量达到 13908.2 亿斤,连续九年保持在 13000 亿斤以上的高水平①。然而,与此同时,化肥和农药等化学品的使用量显著增长,凸显了对能源物质投入的高度依赖。2022 年,中国化肥使用量达 5079.2 万吨②,居世界首位。这种依赖能源物质投入的农业发展模式在提升水土资源产出率的同时,也对进一步优化农业生态系统和保护农村自然环境提出了新的要求,强调了农业可持续发展的重要性(葛鹏飞,2018③)。至此,中国的生态环境保护进入了压力叠加、负重前行的关键期。在此情形下,迫切要求进行农业的全面绿色转型。

2015 年发布的《中共中央关于制定国民经济和社会发展第十三个五年规划的建议》中,首次提出了农业绿色发展的概念,并明确强调坚持绿色发展,促进人与自然和谐共生④。此后,一系列相关政策文件相继出台,为农业和农

---

① 《2023 年全国粮食总产量 13908.2 亿斤,比上年增长 1.3%——中国粮食生产再获丰收》,《人民日报》海外版,2023 年。
② 国家统计局:《中国统计年鉴 2023》,中国统计出版社 2023 年版,第 384 页。
③ 葛鹏飞、王颂吉、黄秀路:《中国农业绿色全要素生产率测算》,《中国人口·资源与环境》2018 年第 5 期。
④ 《中华人民共和国国民经济和社会发展第十三个五年规划纲要》,新华社,2015 年 11 月 3 日。

村的绿色变革设定了新的目标和要求。农业绿色发展不仅关系国家的食物安全、资源安全和生态安全,也是实施新发展理念、推动农业供给侧结构性改革的必然选择[①]。具体而言,这一发展模式旨在确保充足、优质的农产品供应,提高农业综合经济效益,同时注重资源的有效利用和合理配置,减少化学品投入(谢艳乐、祁春节,2020[②]),以及发挥农业在生态涵养上的作用,实现环境保护与生态改善。然而,根据《中国农业绿色发展报告2022》,尽管中国在农业绿色发展方面已经取得一定的进步,但在化肥和农药的使用上,仍存在显著挑战。数据表明,2021年中国农用化肥的施用量(折纯量)为5191万吨,农药使用量(折百量)为24.83万吨,表明当前农业生产仍在向节约资源和优化管理模式的方向努力。特别是在社会主要矛盾转变的背景下,优质安全的绿色农产品供给还未能满足人民日益增长的美好生活需要(于法稳,2018[③])。因此,协调好农业发展与资源环境承载力的关系,实现人与自然的和谐共生成为了当下迫切的任务。

学者们对农业绿色发展路径进行了广泛探究,包括科学进步的促进作用、政府补贴的激励机制、规模经营的驱动力等方面(金书秦等,2020[④])。研究表明,绿色生产技术在农业绿色发展中扮演着重要角色,其推广和应用为构建农业绿色发展的技术体系提供了关键支持;同时,政府在推动农业绿色发展中也扮演着不可忽视的角色,通过出台各项支持政策和提供农业补贴,有效地保障了农业经营主体的生产活力(张天佐等,2018[⑤])。此外,规模经营有助于降低

[①] 《关于创新体制机制推进农业绿色发展的意见》,新华社,2017年9月30日。

[②] 谢艳乐、祁春节:《农业高质量发展与乡村振兴联动的机理及对策》,《中州学刊》2020年第2期。

[③] 于法稳:《新时代农业绿色发展动因、核心及对策研究》,《中国农村经济》2018年第5期。

[④] 金书秦、牛坤玉、韩冬梅:《农业绿色发展路径及其"十四五"取向》,《改革》2020年第2期。

[⑤] 张天佐、郭永田、杨洁梅:《基于价格支持和补贴导向的农业支持保护制度改革回顾与展望》,《农业经济问题》2018年第11期。

生产成本,提高农业生产率,从而引领农业向绿色可持续的方向发展。总的来看,现有研究主要基于国内实践进行分析,但其他国家的经验也是宝贵的参考资源。

综上所述,通过比较国际和国内的农业绿色发展探索,可以总结绿色农业的成效与局限,并提供对未来农业绿色发展方向的见解。这种比较分析不仅有助于深化理解,还能为中国的农业绿色转型提供更全面的参考和启示。据此,本章通过梳理农业绿色发展的国际和国内探索,旨在总结绿色农业发展的成效与局限,并对农业绿色发展的未来进行展望。

第一节 农业绿色发展的探索

2002 年联合国开发计划署在《2002 年中国人类发展报告:让绿色发展成为一种选择》中首次提出"绿色发展(Green Development)"的概念,构建了人类与自然的联系,绿色发展观念逐渐产生。农业领域经过三次绿色革命,在20 世纪 90 年代至 21 世纪初逐渐形成日趋成熟的农业绿色发展模式。

中国在农业绿色发展方面的实践体现了对国家能源安全、粮食安全、环境安全的重视,并体现了对发展规律的尊重和资源节约与环境保护的协调。农业绿色发展要求在尊重发展规律的基础上协调好资源节约与环境保护,发挥好土地的生产功能、生态功能,"构建人与自然和谐共生的农业发展新格局"[①]。在此过程中,政策发挥着重要的引导作用。依据相关农业政策,可将中国农业绿色发展演变历程细分为探索阶段、准备阶段和起步阶段,关键节点为 2002 年《中华人民共和国农业法》修订和 2016 年中央一号文件的出台。

一、探索阶段:数量兴农(1949—2001 年)

新中国成立初期农业发展的首要目标是恢复农业经济,提高粮食产量,解

---

① 《关于创新体制机制推进农业绿色发展的意见》,新华社,2017 年 9 月 30 日。

决人民温饱问题。从土地改革，到合作化运动，再到推行家庭联产承包责任制改革，农业经营主体的活力被一步步释放。该阶段实现了农产品数量的大幅度提升，解决了中国人民的吃饭问题，但其发展因过度关注于经济效益，带来了资源环境的巨大压力。以化肥施用量为例，1989 年起中国化肥施用强度超过了 225 千克/公顷的国际化肥施用安全强度，并呈现逐年增加的态势（Hellerstein，2017①）。单一追求经济效益造成了对自然资源的过度依赖、攫取无度，并进一步加剧资源耗竭，引发环境问题。为改善资源环境，进一步保障粮食安全，在此阶段采取以下三个举措进行农业绿色发展的探索：

一是以科学技术进步发展高产优质高效农业。《国务院关于依靠科技进步振兴农业加强农业科技成果推广工作的决定》中指出，"农业生产一靠政策，二靠科技，三靠投入，但最终还是要依靠科学解决问题"②，转变以增加化学品投入提高生产的观念，开启了科技发展促进农业发展的变革。进一步地，《国务院关于发展高产优质高效农业的决定》要求"在继续重视产品数量的基础上，转入高产优质并重、提高效益的新阶段"③。

二是初步建立资源与环境保护政策法规体系。在此阶段，先后公布出台了《关于环境保护工作的决定》《中华人民共和国环境保护法》《中共中央关于农业和农村工作若干重大问题的决定》等政策法规，"农业环境""农业可持续发展"等概念被提出，加强农业环境保护也被写入法律条文，初步建立了农业资源与农业环境保护政策法规体系。

三是逐步开展生态农业试点及开发项目建设。中国紧跟国际发展趋势，加大对于农业生态环境保护的财政支持，20 世纪 80 年代初中国初步开展生

---

① Hellerstein, D.M., "The US Conservation Reserve Program: The Evolution of an Enrollment Mechanism", Land Use Policy, Vol.63, 2017.

② 《国务院关于依靠科技进步振兴农业加强农业科技成果推广工作的决定》，中华人民共和国中央人民政府官网，2016 年 10 月 9 日。

③ 《国务院关于发展高产优质高效农业的决定》，中华人民共和国中央人民政府官网，2010 年 12 月 19 日。

态农业试点村工作,随后于 1994 年和 2000 年又进行了两期生态农业县试点。此外,中国探索农业综合开发项目建设,启动了水土保持、防沙治沙、退耕还林(草)、天然林资源保护等生态工程。

二、准备阶段:质量兴农(2002—2015 年)

2002 年修订的《中华人民共和国农业法》,首次提出提高农产品质量的目标。此后,农业发展逐渐由"过度资源消耗的数量优先"向"绿色可持续的质量优化"转换(罗必良,2017[1])。2005 年,习近平总书记提出"绿水青山就是金山银山"的论断,指出"绝不能以牺牲生态环境为代价换取经济的一时发展"[2]。面临资源环境日益突出的问题,在此阶段主要采取以下四个举措进行农业绿色发展的探索:

一是加强生产监管建立农产品质量监督体系。通过进行无公害产品认证,加强畜禽产品检疫,推进"菜篮子"工程建设、规范农药使用管理等举措规范农业生产行为,重视农产品安全。《中华人民共和国食品安全法》将食用农产品质量安全标准纳入食品安全国家标准,并在第一条指出保证食品安全,保障公众身体健康和生命安全的核心要义。

二是规范管理办法健全农产品质量安全法律。先后出台了《无公害农产品管理办法》《国务院关于加强新阶段"菜篮子"工作的通知》《农药限制使用管理规定》《农产品质量安全检测管理办法(2012)》等政策文件,《中华人民共和国畜牧法》《中华人民共和国农产品质量安全法》《中华人民共和国食品安全法》等专项法律,加速农产品质量的法治化进程。

三是关注农民福祉通过农补为农民增收增惠。不仅《中华人民共和国农业法》将增加农民收入作为独立章节,《中共中央　国务院关于促进农民增加

---

① 罗必良:《推进我国农业绿色转型发展的战略选择》,《农业经济与管理》2017 年第 6 期。

② 中共中央文献研究室编:《习近平关于社会主义生态文明建设论述摘编》,中央文献出版社 2017 年版,第 12、21 页。

收入若干政策的意见》再次对农民增收进行强调,并且此后的中央一号文件也多次强调农民增收减负。直接补贴与价格补贴相结合的农业支持政策不断完善,农民的生产积极性得到充分调动。

四是推进低碳生产以新发展理念促绿色发展。党的十九大报告指出必须坚定不移贯彻创新、协调、绿色、开放、共享的新发展理念。党的十八大以来,一系列促进农业绿色发展的法律法规及规范性政策相应出台,对防治水污染、农膜回收利用、秸秆综合利用、循环经济、生态农业建设提出了制度化、规范化的要求,实现了农业生产发展与生态环境保护的协调发展。

三、起步阶段:绿色兴农(2016 年至今)

2016 年,中央一号文件中正式提出农业绿色发展概念,提出"加强资源保护和生态修复,推动农业绿色发展"。此后历年的中央一号文件对于农业绿色发展的理念、措施和要求进行了具体阐述。中国农业发展目标从"增产、增收"双目标向"稳产、增收、可持续"的目标转变(杜志雄、金书秦,2016[①])。党的十八大以来,对于农业绿色发展的重视程度不断提高,一系列促进农业绿色发展的法律法规及规范性政策相应出台,对防治水污染、农膜回收利用、秸秆综合利用、循环经济、生态农业建设提出了制度化规范化的要求,实现了农业经济增长与农民增收、农业生产发展与生态环境保护的协调发展。具体包括以下四个举措:

一是完善农业绿色发展的激励与约束机制。逐步建立并完善农业绿色发展技术体系,通过相继发布与落实农业绿色补贴政策,促进农业技术创新,实现农业绿色发展。具体地,2016 年修订的《中华人民共和国水法》规定了农业灌溉用水,倡导推行节水灌溉方式、技术和工程,这一措施有效提高了农业用水效率,减少了水资源的浪费。2017 年修订的《农药管理条例》首次将农业减

---

① 杜志雄、金书秦:《中国农业政策新目标的形成与实现》,《东岳论丛》2016 年第 2 期。

量涵盖进各级人民政府的工作内容之中,明晰了各级农业主管部门对于农药监督管理的法律责任,对法律责任进行了明确。

二是实施资源保护机制以及生态修复措施。启动了土壤污染防治行动、农业绿色发展"五大行动"、农业面源污染防治攻坚战、农业绿色发展先行区等一系列措施,以绿色发展引领乡村振兴。此外,2018 年修订的《大气污染防治法》,对秸秆的综合利用以及畜禽养殖气体排放等内容进行了权责说明。2019 年实施的《土壤污染防治法》更是对污染状况调查与检测、安全利用方案制定、风险评估和管控、污染修复等环节实施全过程管控。

三是向着统筹推进农业农村绿色发展转变。2018 年中央一号文件指出要"坚持人与自然和谐共生""以绿色发展引领乡村振兴"[①]。中国绿色发展的内涵进一步延展,由原先强调农业绿色发展向推进农业农村绿色发展转变。一方面,从空间布局、资源利用等方面转变农业发展方式,提升农业产业功能,增加农民收入。另一方面,从农村污染治理与生态环境保护等方面推进乡村发展,实现经济效益、社会效益、生态效益多维度的协调与统一,使农民获得生态增益(赵会杰、于法稳,2019[②])。

四是坚持走生产生活生态的文明发展道路。党的十九大报告进一步指出"坚持人与自然和谐共生"[③]的要求。生态文明被摆在突出地位,中国的农业绿色发展向着协调生产生活生态的绿色、低碳、循环、可持续方向迈进,农业发展目标开始兼顾经济、生态和社会效益之间的多维平衡,农业产业结构也由单一关注基础功能转向包含生态、涵养等多重功能转变,兼具经济性、安全性与低碳性。

---

① 《中共中央 国务院关于实施乡村振兴战略的意见》,新华社,2018 年 2 月 4 日。
② 赵会杰、于法稳:《基于熵值法的粮食主产区农业绿色发展水平评价》,《改革》2019 年第 11 期。
③ 习近平:《决胜全面建成小康社会 夺取新时代中国特色社会主义伟大胜利——在中国共产党第十九次全国代表大会上的报告》,人民出版社 2017 年版,第 23 页。

第二节　农业绿色发展的局限：
从既有逻辑到实践绩效

党的十八大以来，党中央高度重视中国的生态文明建设，加快推进农业产业绿色转型。中国通过完善制度设计、推进技术创新、开展试点示范、启动提升行动等一整套做法，先后出台《全国农业现代化规划（2016—2020 年）》《关于创新体制机制推进农业绿色发展的意见》《农业绿色发展技术导则（2018—2030 年）》《"十四五"全国农业绿色发展规划》等一揽子政策，采取综合治理农业面源污染、强化畜禽粪污资源化利用等一系列举措，在农业发展全面绿色转型中取得了积极成效，全国农业绿色发展指数从 2012 年的 73.46 提升至2019 年的 77.14（先行区平均达到 83.03）。中国农业绿色发展在资源保护、污染防治、绿色优质农产品供应以及支持体系建设等方面取得了阶段性成果，具体表现在以下四个方面：

一是农业资源保护利用进展较好。通过推行高标准农田建设，扩大耕地轮作休耕制度试点，退化耕地治理等项目，耕地质量等级稳步向好。2019 年，全国耕地质量平均等级为 4.76 等，较 2014 年提升了 0.35 个等级，耕地质量稳步提升；通过发展节水农业，推广旱作农业、高效节水灌溉等技术，建设喷灌、滴灌、集雨窖等节水设施，农业用水效率不断提高[1]。2021 年我国建成1.0551 亿亩高标准农田，同步发展 2825 万亩高效节水灌溉[2]。

二是农业面源污染防治成效较佳。通过实施测土配方肥、有机肥替代化

---

[1]　农业农村部：《2019 年全国耕地质量等级情况公报》，中华人民共和国农业农村部官方网站，2020 年 5 月 12 日。

[2]　农业农村部：《农业发展全面绿色转型取得积极进展》，中华人民共和国农业农村部官方网站，2021 年 12 月 23 日。

肥、农作物病虫害专业化统防统控和绿色防控技术,实现了化肥农药利用率的提高与农业化肥投入量的下降,化肥农药减量增效明显;通过建设规模养殖场提升畜禽粪污资源化利用水平,通过肥料化、饲料化、燃料化等途径提升秸秆综合利用效率。2021年全国规模养殖场粪污处理设施装备配套率达到97%以上,全国畜禽粪污综合利用率超过76%。此外,建设了200多个秸秆综合利用重点县,秸秆综合利用率达到87%以上[①],农业废弃物资源化利用水平稳步提高,产地环境明显改善。

三是绿色优质产品供应能力提升。通过全面实施"质量兴农、绿色兴农、品牌兴农"战略,构建以"安全标、绿色标、优质标、营养标"为梯次的标准体系,推进农业标准化生产,增强绿色优质农产品的供应能力。发布175项农业国家和行业标准,完成1000项农兽药残留标准制定。截至2021年10月底,全国绿色、有机和地理标志认证的农产品数量累计达到5.8万个,绿色食品、有机农产品和地理标志农产品供给明显增加[②]。

四是绿色发展支撑体系初步建立。通过农业绿色发展先行先试,建立完善农业绿色发展支撑体系。2017年年底,中国以"绿水青山就是金山银山"为核心理念,启动了40个农业绿色发展先行区,探索农业绿色发展的中国化路径。截至2021年年底,中国共建立82个国家农业绿色发展先行区试点县,设立16个国家农业绿色发展长期固定观测试验站,农业绿色发展先行先试综合试验平台、农业资源环境监测初步搭建。

尽管中国农业绿色发展在"去污"和"提质"上取得了一定的成效,但仍在农业绿色发展持续"增效"上存在局限。

① 农业农村部:《农业发展全面绿色转型取得积极进展》,中华人民共和国农业农村部官方网站,2021年12月23日。
② 农业农村部:《农业发展全面绿色转型取得积极进展》,中华人民共和国农业农村部官方网站,2021年12月23日。

第三节　农业绿色发展的前景：
从农业功能到目标兼容

随着经济社会的发展及农业绿色发展水平的提升，全国人民实现了从"吃不饱"向"吃得饱"到"吃得好"的转变，农业增长也由"为增长而增长"向"为福利而转变"转型（张露、罗必良，2020[①]）。农业的多功能性在 2007 年中央一号文件中得到了详细阐释，即农业不仅具有食品保障基本功能，而且具有原料供给、就业增收、生态保护、观光休闲、文化传承等附加功能，但长期以来这些功能的价值被普遍忽视。农业增长并非绿色发展的唯一目标，农业的绿色发展趋势将更加注重各功能间的协调发展。《中华人民共和国国民经济和社会发展第十四个五年规划和 2035 年远景目标纲要》指出中国已进入新发展阶段，面临新的机遇和挑战。新发展阶段需要坚定不移贯彻创新、协调、绿色、开放、共享的新发展理念，加快构建新发展格局。在生态文明建设不断深化及"两山理论"的持续发展背景下，农业正在从单一的生产功能逐步转变为集生产、生态、生活、文化等多功能于一体的综合体。据此，农业绿色发展的内涵与外延将持续扩展，从目前对单一功能的关注转变为兼顾多重目标的综合发展。

农业发展的重心应从单一的产品生产转变为综合考虑经济、生态、福利等多方面因素，强调生态功能、康养功能、人文功能及社会功能的平衡发展（张露、罗必良，2020[②]）。具体地，生态功能要求：一方面，农业绿色发展需要通过实行耕地资源保护政策，严格控制地下水开采，保护农业生物多样性，增强农业资源节约与保育能力，突出发挥对生态系统的支持功能；另一方面，需要减

[①]　张露、罗必良：《中国农业的高质量发展：本质规定与策略选择》，《天津社会科学》2020年第 5 期。

[②]　张露、罗必良：《中国农业的高质量发展：本质规定与策略选择》，《天津社会科学》2020年第 5 期。

少农业投入品数量,提高农作物综合利用效率,注重生态保育,改善农业产地环境生态。康养功能要求:农业绿色发展持续推进农村人居环境整治改善村容村貌,补齐农村基础设施短板,完善公共服务功能,实现乡村振兴。同时,应有效利用、开发和保护乡村的自然及人文环境,建立田园生态系统,进行水生态保护,打造以健康产业为中心的康养小镇。人文功能方面,应结合地域特色弘扬民族文化,保护农村的历史文化和文化精神,继承文化遗产,传承农耕文明,打造富有人文关怀的美丽乡村。社会功能方面,农业绿色发展应推动农业生产方式持续向绿色转型,促进标准化生产,增强优质农产品供给能力,以支持就业、保持村庄稳定和传承劳动经验与技艺。

农业绿色发展的核心在于实现资源的节约与高效利用、产地环境的清洁、生态系统的稳定及绿色供给能力的提升,同时兼顾经济、社会、环境和生态效益。因而其发展是一个长期的过程,需要将重点从单一的产品生产转移到创造生态经济福利上,实现农业发展与地域自然生态系统、人文生态系统、社会生态系统的和谐融合,因地制宜地建设具有独特特色的农业多功能区。

第三章 农业绿色发展基本模式：
从理论到实践

　　绿色发展的本质是将效率、和谐、持续作为经济增长和社会发展的目标，即强调作为主体的人、作为载体的社会和作为生态环境与自然之间的和谐共存、持续发展。绿色发展思想的诞生，源于人们对经济发展和环境保护之间关系的再认识，即二者并非完全对立，而是辩证统一的。绿色发展的思想最终需要贯彻落实在绿色产业的发展实践当中。农业作为国民经济的支柱产业，既保障了人们生活的衣食所需，又是连接人与自然、社会与自然的重要环节。因而将绿色发展理念注入农业发展进程，无疑是缓解生态压力以及克服资源短缺与产业高质量发展需求矛盾的关键所在。

　　解读"农业绿色发展"一词，"农业"是主体，"发展"是核心，"绿色"是具体方式和目标(焦翔，2019①)。实现农业绿色发展，既要提高农业综合经济效益，又要注重对资源的有效利用和合理配置(谢艳乐、祁春节，2020②)；既要引进高新农业技术形成现代产业体系，又要保障生产安全、粮食安全(龚斌磊等，

---

　　① 焦翔：《我国农业绿色发展现状、问题及对策》，《农业经济》2019 年第 7 期。
　　② 谢艳乐、祁春节：《农业高质量发展与乡村振兴联动的机理及对策》，《中州学刊》2020 年第 2 期。

2023①);既要维护农产品的专业供给,又要实现农业的多功能性服务培养(胡新艳等,2023②)。概括而言,农业绿色发展需兼顾"保产(保障农产品供给与质量安全)""增效(提高农业生产效率)""减量(农业生产过程清洁化)"和"增收(进一步拓宽农业绿色功能)"的多维功能目标。

党的十八大以来,党中央高度重视中国的生态文明建设,加快推进农业产业绿色转型,在资源保护、污染防治、优势农产品供应方面取得了阶段性成果。然而不容忽视的是,中国农业绿色发展仍面临着"贯彻绿色发展理念还不深入、农业生产方式仍然较粗放、绿色优质农产品供给还不足以及绿色发展的激励约束机制尚未健全"等挑战③。进一步地,党的二十大报告指出,到 2035年,中国要"广泛形成绿色生产生活方式,碳排放达峰后稳中有降,生态环境根本好转"④等目标,这亦对农业产业发展提出了更高层面要求。至此,促进农业发展由"过度资源消耗的数量优先"向"绿色可持续的质量优化"转换将成为当务之急(罗必良,2017⑤)。

出于发展需求的更新,相匹配的发展模式也悄然发生着变革。发展模式是源于对发展观的认识和表达,而发展观作为发展的价值导向,是一种基于特定时代发展伦理的价值判断。随着时代的发展,这种价值导向无法从一而终,迫切需要被赋予新的含义与层次。鉴于此,对绿色发展基本模式的深入探讨显得尤为必要,具体表现为:在理论层面,不仅有助于反思以往经济增长模式中农业发展存在的不足,总结发展过程中的经验教训,也有利于巩固发展过程中的本质要求,厘清绿色发展的现实逻辑;在实践层面,构建绿色发展的核心

① 龚斌磊、王硕、代首寒、张书睿:《大食物观下强化农业科技创新支撑的战略思考与研究展望》,《农业经济问题》2023 年第 5 期。
② 胡新艳、陈卓、罗必良:《建设农业强国:战略导向、目标定位与路径选择》,《广东社会科学》2023 年第 2 期。
③ 《"十四五"全国农业绿色发展规划》,中华人民共和国农业农村部官网,2021 年 8 月 23 日。
④ 习近平:《高举中国特色社会主义伟大旗帜　为全面建设社会主义现代化国家而团结奋斗——在中国共产党第二十次全国代表大会上的报告》,人民出版社 2022 年版,第 24 页。
⑤ 罗必良:《推进我国农业绿色转型发展的战略选择》,《农业经济与管理》2017 年第 6 期。

架构,并通过结合绿色发展典型案例,有益于进一步分析绿色发展在农业中的具体运作方式,归纳一般规律。

第一节　农业绿色发展模式:经济增长模式的反思

一、经济增长理论的历史演进

经济增长是指生产商品和劳务总量的增加,即社会总财富的增长。纵观西方学者们对经济增长历史的理论研究,更多是基于要素投入的视角。他们认为,经济增长模式先后经历了由物质资本积累到技术进步再到人力资本积累的路径演化。

(一)物质资本积累决定论

早期的古典经济学强调经济增长在数量以及规模层面的扩张。因而,以亚当·斯密为代表的古典经济学派指出,国民财富增长的途径一是取决于劳动生产力的提高,即以分工为核心;二是通过提高资本的利用效率,即充分发挥市场的作用。后续大卫·李嘉图以及约翰·穆勒巩固并发展了物质资本积累对财富积累的重要意义(Ricardo,1997[1];Miller 等,1991[2])。此后,哈罗德和多马将古典经济增长模型结合凯恩斯的收入决定理论,进一步论证了物质资本积累对经济增长的决定性作用(Harrod,1942[3];Domar,1946[4])。

---

[1]　David Ricardo.,The Principle of Political Economy and Taxation,London:Gaemsey Press,1817.

[2]　Miller,A.H.,Borrelli,S.A.,"Confidence in Government during the 1980s",American Politics Quarterly,Vol.19,No.2,1991.

[3]　Harrod R F.,Towards a Dynamic Economics:Some Recent Developments of Theory and Their Applications to Policy,Greenwood Press Reprint,1946.

[4]　Domar,E.D.,"Capital Expansion,Rate of Growth,and Employment",Econometrica,Journal of the Econometric Society,1946.

(二)技术进步决定论

与物质资本积累决定论中忽略技术进步对经济增长的贡献不同,新古典经济学家将技术进步引入经济增长模型,他们认为技术进步是经济增长的重要源泉,其中具有代表性的即为索洛模型(Solow,1957①)。在依靠技术进步决定经济增长的模式下,索洛等学者打破了传统唯物质资本论的固化思想,首次强调了资源的稀缺性,即依靠物质资本积累的经济增长是具有一定局限性的。与此同时,他还向人们展示了长期经济的增长需要依靠技术的革新与进步。

(三)人力资本积累决定论

过渡到现代经济增长理论,以经济学家舒尔茨为代表,学者们将研究视线转向人力资本的塑造与培育,认为经济增长中"人"起到了关键的作用,即只有人力资本可以促进经济的增长。通过对人们在教育、卫生等方面的投资,可以将一般的人力资源转变为具有较高质量的人力资本,由此带来的"知识效应"以及"非知识效应"促进了经济的增长(Steadman,1961②)。进一步地,卢卡斯在其两资本模型和两商品模型中,单独将人力资本要素引入经济增长模型的构建中,确立了以人力资本为核心的增长理论。

上述经济增长的决定因素均是从要素投入的视角出发,审视经济增长的核心要义,奠定了经济增长的理论模型基础,后续经济增长模型无不围绕着这些基准展开。然而值得思考的是,上述理论在构建生产者的生产函数时,多数反映了一些如劳动力、资本、技术等要素投入增加所带来的经济增长,但较少

---

① Solow, R. M., "Technical Change and the Aggregate Production Function", The Review of Economics and Statistics, 1957.

② Steadman, J. M., "Some Graver Subject: An Essay on Paradise Lost", Modern Language Quarterly, Vol.22, No.4, 1961.

将自然资源纳入生产函数中，而是仅仅将其当作一种生产成本。

二、经济增长与农业发展

各生产要素在部门之间的分配和流动，带动部门产业繁荣发展的同时也刺激了经济的增长。然而在不同的历史阶段，人们对农业部门在经济发展中的作用认知具有一定差异。

（一）农业在经济增长中的贡献

目前学界关于农业发展与经济增长关系的探讨主要分为两种观点，一方认为农业对经济增长几乎没有贡献，而另一方则认为农业对经济增长能够起到促进作用。

与一味地支持工业优先发展的观念不同，舒尔茨（1999）[1]在《改造传统农业》中虽然也指出传统农业对经济增长的贡献有限，但仍就农业发展对经济增长的贡献予以肯定。他认为倘若通过对农民进行教育、在职培训等人力资本的投资，使传统农业走向现代化，方能较为有效地促进经济增长。西蒙·库兹涅茨（1961）[2]则将农业对经济增长的贡献系统概括为产品、市场、要素和外汇四个方面内容。国内研究学者则进一步指出，在经济体工业化的不同阶段，这四项内容会有不同侧重。例如，在工业化早期，农业对非农部门的产品、要素和外汇贡献较为突出；工业化中期，农业的市场贡献占据主要地位；到了工业化后期，农业的产品贡献将再次出现。

（二）中国经济增长模式与农业发展

经济增长模式是对经济增长决定因素的深入探讨。作为发展中国家，中国经济增长模式自新中国成立以来先后经历了由依靠要素投入的传统粗放型

---

① ［美］西奥多·舒尔茨：《改造传统农业》，梁小民译，商务印书馆1999年版。
② ［美］西蒙·库兹涅茨：《现代经济增长》，商务印书馆1961年版。

增长转向兼顾自然环境约束的集约型增长。在这一期间，农业发展模式也发生了较大的变革，主要表现为：

1.传统粗放型经济增长模式下的农业发展

新中国成立初期，中国迫切需要摆脱近代以来受列强欺辱的落后面貌，以高速的经济发展重振国民信心，因此依靠要素投入驱动的粗放型增长模式成为当时的发展选择。一方面，中国综合国力较为薄弱，生产技术水平有限，对产业规模、产业数量扩张能够满足短时间内经济总量的迅速提升，以顺利达到预先设定的经济目标。另一方面，在经济发展早期，中国的自然资源较为充沛，土地、劳动等资源较为富裕且价格低廉，为扩大规模生产创造了低成本的生产环境。

因此在传统粗放的经济增长模式下，追求经济效益是唯一的目标，要素投入是增长的唯一动能。于是农业生产主要依靠化肥、农药等生产要素的大量投入，以谋取生产利益。

2.现代集约型经济增长模式下的农业发展

改革开放后期，随着经济体量的不断扩大，与之同步的是对外部自然资源和能源的大量消耗，资源短缺与经济增长之间的矛盾日益凸显。如此制约下，中国急需寻找一种全新发展模式以适应逐渐变化的生产条件。与要素投入驱动的粗放型增长模式不同，兼顾自然环境约束的集约型增长模式主要依靠要素质量的改进以及优化资源的配置来提高产品的产量和质量，也能够最大限度地利用有效的资源禀赋。

因此，在集约型经济增长模式下，追求经济与生态效益的平衡是全新发展目标，要素配置效率和质量提升是全新增长动能。反映在农业生产方面，具体表现为：一方面通过积极倡导生产要素投入的"减量替代"（如农药、化肥减量以及有机肥替代化肥施用）等方式以减少对生态环境的负面影响；另一方面加强生物技术、信息技术等向农业农村各领域的渗透，即提倡利用工业技术进步推动农业机械化、规模化生产，将现代生产要素导入小农户，加速农业转型升级。

三、农业绿色发展模式的反思

(一)对经济增长理论的反思

1.要素投入方面:经济增长对自然资源的排斥

传统的经济增长模式理论对实现经济总量增长方面作出了巨大贡献,归纳总结了不同途径下促进经济增长的方式。然而值得反思的是,这些理论中自然资源被认为不是决定经济增长的关键因素,甚至可以被替代。比如在古典经济理论中,学者们虽然意识到了土地资源是有限的,却试图通过分工、资本积累等方式来弥补生产发展中的土地利用报酬递减。出于规模经济、生产要素质量的提高,学者们逐渐将自然资源禀赋排除在经济增长的分析框架外。到了新古典经济学阶段,经济增长中的资源问题被认为是可以通过经济增长来克服的,即经济的不断增长促进了技术、人力资本的进步,可以替代生产过程中对自然资源的过度索取。最终导致经济增长理论把资源约束问题演绎成单纯的生产成本问题。

2.部门发展方面:经济增长低估农业部门的贡献

农业在经济的增长中一度被认为是被动的辅助部门,导致农业在经济发展中的贡献未能得到合理的重视。例如,在新古典经济学的分析范式中,农业仅被视为经济增长的一个变量,仅为经济增长提供生产过程中的原材料,因而低估了农业的多功能性对经济增长的贡献。事实上,农业部门不仅成功地实现了人口扩张下的基本粮食供给,还在尽力满足人们日益增长的多样化产品需求;不仅提供了工业部门发展的基础原材料以及生产动力,还通过生产环节技术革新以改善对资源环境的过度依赖(张露、罗必良,2020[1];罗必良,2021[2])。

---

① 张露、罗必良:《中国农业的高质量发展:本质规定与策略选择》,《天津社会科学》2020年第5期。

② 罗必良:《增长、转型与生态化发展——从产品性农业到功能性农业》,《学术月刊》2021年第5期。

（二）对中国农业发展实践的反思

1.发展目标方面：应由单一追求经济效益转向兼顾多维目标平衡

在党的十八届五中全会后中国逐步明确促进人与自然和谐共生的绿色发展道路，倡导更为友好的集约型生产方式，但仍面临着环境治理相关制度体系不够完善、绿色发展理念不够深入等现实问题。因此在农业发展的目标方面，不能单一追求经济效益，农业发展目标制定需要同时兼顾经济、生态和社会效益之间的多维平衡。

2.产业结构方面：应由单一关注基础功能转向发挥多功能属性

中国在经济建设初期"以农补工"现象较为普遍，农业发展为工业以及其他产业提供了大量基础生产资料。农业兼具有生态、涵养等多重功能，其与其他各产业相互融合的过程，不仅能够实现有限资源的整合，而且可以帮助拓展原产业链条，增加产业收益。因此。在农业发展的产业结构方面，不能单一关注农业的基础功能，还需要充分发挥农业的多功能特点。

3.驱动因子方面：应由单一依靠要素投入转向吸纳全新增长动能

在传统粗放的发展模式下，要素投入数量的增加虽然推动了中国短期内的产业产能提升、经济增长，但该驱动下的增长往往是存在一定局限且无法长期持续的。当外部的资源供给受限时，现有生产要素将无力支撑后续的发展，因而亟须挖掘全新增长动能，在保证要素数量的同时，强化要素质量。比如在农业生产中，积极鼓励绿色技术创新，使之在形成增长新动能之余，实现对自然资源的有效保护和存续。因此，在农业发展的驱动因子方面，不能单一依靠要素的投入，农业发展的驱动还需要考虑绿色创新等理念的引入，充分挖掘全新增长动能。

第二节　农业绿色发展:本质要求与逻辑转换

一、农业绿色发展的本质要求

绿色发展的重点是强调经济、自然和社会系统共生交互和目标多元化。遵循绿色发展的基本内涵,根据意见文件指导①,中国的农业绿色发展应坚持"绿水青山就是金山银山"的理念,坚守农业供给侧结构性改革主线,尊重农业发展客观规律,兼顾生态环境承载,进一步从空间布局、资源利用等方面转变农业发展方式,提升农业产业功能。其最终目标是实现经济效益、社会效益、生态效益多维度的协调与统一(赵会杰、于法稳,2019②)。基于此,农业绿色发展应该具有如下本质规定:

(一)保产

保产是稳定粮食产量的充足供给与质量安全,守住农业绿色发展的基本命脉。中国是世界上最大的粮食生产和消费国,然而近年来面临的生态环境问题和资源约束问题却日益严峻。耕地资源方面,中国耕地面积呈现出总量大,但人均有限的状态,并且由于生产过程中过度依赖于化肥、农药,导致耕地质量与土壤有机质含量在急剧降低。水资源方面,相关资料表明中国人均水资源占有量还远不及世界平均水平,加之农户多采取漫灌等水资源消耗较大的灌溉方式,并且部分地区地下水资源的不合理开发更是加剧了水资源的耗竭。为了"把饭碗牢牢端在自己手中",中国需要走资源节约、环境友好的绿色发展之路,在保障基本口粮的基础上实现粮食充分自给与绝对安全。

---

① 《关于创新体制机制推进农业绿色发展的意见》,新华社,2017年9月30日。
② 赵会杰、于法稳:《基于熵值法的粮食主产区农业绿色发展水平评价》,《改革》2019年第11期。

(二)增效

增效是改善农业全要素生产率,保障农业绿色发展的高质量输出。近年来,中国城镇化步伐迅速加快,青年农村劳动力向城市转移,加之人口老龄化的不可逆趋势,导致农业生产面临着劳动力要素质量不高、生产力低下等问题,制约了中国农业产业的发展。为了解决上述问题,培育更有活力的农业要素市场势在必行。一方面,通过现代化农业技术的引进,能够改善中国农业生产条件,增强农业对技术要素的吸纳,从而减少对农业资源的浪费以及其派生的污染(杨肃昌、范国华,2021[1]);另一方面,通过农业社会化服务的引入,能够提高农业生产的专业分工,诱导资源要素有效配置,以此提升农业劳动力的工作效率,进而通过对资源的有效利用与要素的充分调配,实现发展总量与质量的协调和统一。

(三)减量

减量是确保农业生产过程清洁化、循环化、低碳化,维护农业绿色发展的永续进行。伴随着中国化工产业技术的成熟和进步,许多先进研究成果被广泛运用在农业生产中,其中就包括化肥、农药等化工产品的投入使用。然而从更为长远的视角来看,过量的化工产品投入不仅没有给农业带来更高的期望产出,反而造成了土壤板结、水体富营养化和温室气体排放等环境隐患(Guo等,2010[2])。继而,倡导减量化农业生产,加强环境友好型要素投入,成为当下农业绿色发展的必然举措。减量化的农业生产包含减少化肥、农药、农膜的施用以及水资源的节约利用四项关键内容,通过减量化的生产模式,可以从农

---

① 杨肃昌、范国华:《农业要素市场化对农村生态环境质量的影响效应》,《华南农业大学学报(社会科学版)》2021年第20期。

② Guo, J. H., Liu, X. J., Zhang, Y., Shen, J. L., Han, W. X., Zhang, W. F… Zhang, F. S., "Significant Acidification in Major Chinese Croplands", Science, Vol.327, No.5968, 2010.

业生产端控制污染的排放，并提高农业废弃物资源的循环利用，进一步降低农业生产的负外部性影响。

（四）增收

增收是积极拓展农业经营者的收入与福利，激发农业绿色发展的功能优化。农业对人类的发展而言存在经济、生态以及生活价值等多重功能属性，而中国传统的农业生产其业态与功能性相对较为单一且附加值不高，无法满足人们对生活信念、方式、环境的日益转变与追求。基于此，促进农业产业功能化，推进一二三产业的融合创新发展，是提高农业经营者收入，帮助其获取生态、社会等福利的重要途径。以绿色生态为指引，以功能开发为主导的农业功能优化一则能够满足人们的新需要，二则由其衍生出的功能性产品与服务能够带来福祉扩展，即最大程度展现人与人、人与自然的相互融合（罗必良，2017[①]；罗必良，2021[②]）。

二、农业绿色发展的逻辑转换

立足于"保产""增效""减量""增收"的四大本质规定，农业绿色发展需要在发展目标、发展定位以及发展路径三方面实现逻辑转换。

（一）发展目标的逻辑转换：从"为增长而增长"到"为福利而转型"

在单纯由城市以及工业发展带动的农业增长模式暴露出了诸多环境问题后，农业发展也从重视产品生产转向重视经济生态福利（张露、罗必良，2020[③]）。未来较长一段时间内，增长并不是农业绿色发展的唯一目的，农业

[①] 罗必良：《推进我国农业绿色转型发展的战略选择》，《农业经济与管理》2017 年第 6 期。

[②] 罗必良：《增长、转型与生态化发展——从产品性农业到功能性农业》，《学术月刊》2021 年第 5 期。

[③] 张露、罗必良：《中国农业的高质量发展：本质规定与策略选择》，《天津社会科学》2020 年第 5 期。

的绿色发展将更加强调农业各功能之间的相互协调。因此，农业发展需要从经济功能转型为社会、生态功能导向，同时注重生态、社会、经济福利。尽管早在 2007 年的中央一号文件中就包含对农业功能的细致阐述，即"农业不仅具有食品保障功能，而且具有原料供给、就业增收、生态保护、观光休闲、文化传承等功能"[1]，但这些功能所带来的价值却一直被人们所忽视。

为福利而转型重点在于认识农业的功能价值，并促进农业功能的市场化交易，即农业生态发展的产业化与生态品交易的现代化，分别向农业的广度和深度拓展。具体而言，其一，农业的广度方面，推进农业产业的转型升级，合理优化种植结构，加速产品结构和市场结构的转换。其二，农业的深度方面，充分挖掘、丰富农业的多功能价值，延长农业产业链，着力提升农产品竞争力以及农业综合收益。以农业为基础和纽带，拓宽更多三产融合模式，例如，借助乡村生态旅游、环保教育等形式，实现农业的功能性收入增加。

（二）发展定位的逻辑转换：从"被迫边缘化"到"融入现代化"

尽管现代农业高效的生产方式正逐渐取代传统农业粗放的生产方式，然而目前经营规模小成为了现代农业发展的最大制约。一些学者认为，中国向现代农业转型的难点在于土地细碎，并且小农分散化的经营模式阻碍了土地发挥其规模效益。小农经济下，中国农业生产更倾向于农户的自给自足，要素的自由流动和有效配置受到了一定阻碍，导致农产品生产成本高且缺乏市场竞争力，小农户的发展面临生产、市场、资本等多方面的弱势情态即边缘化问题。

充分破解农业边缘化问题，关键在于解决中国小农如何与现代农业有机衔接。一方面，从农业生产端出发，依托农业合作社等组织纽带，能够引

---

　　① 《中共中央　国务院关于积极发展现代农业扎实推进社会主义新农村建设的若干意见》，中国政府网，2006 年 12 月 31 日。

导小农户走合作化的道路,同时积极为小农户赋能,激发其绿色生产的积极性。另一方面,从农业销售端出发,充分挖掘农产品潜在的竞争优势,在资源环境约束趋紧的条件下坚持以绿色生态为目标,以现代科技为抓手,开展适度规模经营,实现农业产业以量为先向提质增效的转变(杨文杰、巩前文,2021①),最终达到改造传统农业,转向农业经营的现代化、绿色化。

（三）发展路径的逻辑转换：从"资本要素驱动"到"绿色创新驱动"

传统农业是完全以农民世代使用的各种生产要素为基础的农业(舒尔茨,1999②)。自工业革命以来,随着现代科技成果在农业生产中的广泛应用,农业生产对土地、劳动等生产要素的依赖逐渐被化肥、农药、农业机械等资本要素投入所取代。资本化投入下,农户的农业生产效率虽有所改善,然而过密的资本注入却容易导致生态脆弱以及农业生产的非粮化。因此,农业发展要转变增长动能,逐步摆脱由数量驱动下的增长,转向依靠绿色手段兴农。

绿色创新驱动下,既能够化解农业生产中的资源禀赋问题,又可以为农业绿色增长注入全新动力。绿色创新一方面来源于农业生产技术的创新与应用。具体而言即在农业生产中利用测土配方肥、病虫害绿色防控技术等替代传统生产中的高污染、高能耗环节,恢复自然生态承载。绿色创新另一方面则来源于农业绿色发展的制度创新。具体而言即通过建立健全农业资源环境保护利用与管控、农业绿色循环低碳生产、农业绿色发展补贴等制度,为绿色创新"保驾护航",加快实现农业发展的绿色转变。

---

① 杨文杰、巩前文：《城乡融合视域下农村绿色发展的科学内涵与基本路径》,《农业现代化研究》2021 年第 1 期。

② ［美］西奥多·舒尔茨：《改造传统农业》,梁小民译,商务印书馆 1999 年版。

第三节　农业绿色发展：核心架构与运作模式

一、农业绿色发展的核心架构

发展目标的转换揭示了农业绿色发展需要拥有坚实的理论根基作为指引，发展定位的转换揭示了农业绿色发展需要辅以制度安排作为运行保障，发展路径的转换则揭示了农业绿色发展需要以实践规划作为变革依据。综上，农业绿色发展应构建起"理论根基—制度安排—实践规划"三位一体的核心架构（见图3-1）。

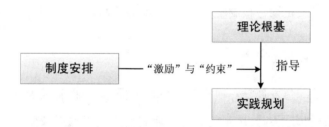

图3-1　"理论根基—制度安排—实践规划"三位一体的农业绿色发展核心架构
资料来源：笔者绘制。

（一）理论根基

农业的绿色发展必须要有科学的理论来指引方向，把握大局。中国要吸取历史上以牺牲生态环境为代价进行生产的教训，不能照搬西方国家的农业生产经验，并且需要遵循中国"大国小农"的基本国情，构建与总体发展目标相契合的农业绿色发展理论体系。具体而言，就是需要把自然资源约束与保护纳入农业发展规划中，以习近平生态文明思想为发展指导，始终坚持"创新、协调、绿色、开放、共享"的新发展理念，并在实践的过程中不断加强理论的创新，丰富理论内涵。

（二）制度安排

建立健全制度体系是农业绿色发展行稳致远的有效保障。农业绿色发展对生态环境的保护是具有正外部性的，而这种外部性的存在阻碍了市场机制效果的充分发挥以达到资源配置优化，易衍生出"公地悲剧"现象，因此迫切需要政府的制度和政策创新。在制度安排方面，一则通过建立健全法律法规，对生产者破坏环境、滥用资源行为进行立法约束和管制，能够规范生产行为，营造绿色生产环境；二则通过教育引导或财政补贴方式激励生产者，将绿色技术运用于各项生产环节，同时鼓励绿色创新的经营模式，最终在制度层面形成"激励"与"约束"相互配合的方式。除此以外，重视长效机制的建立，通过完善农业绿色发展定期考核制度，以增强制度的长期效力。

（三）实践规划

推进农业绿色发展是一项复杂的系统工程，需要在实践规划中着力于宏观农业政策的顶层设计、中观层面各产业间的协同发展以及微观层面农户个体的生产生活。聚焦宏观层面，早在"十三五"时期，绿色发展就作为新发展理念的重要组成部分被写入中华人民共和国国民经济和社会发展规划纲要中，此后，国家出台部署多项重要文件和行动计划，为农业产业的绿色发展奠定了重要的决策依据。聚焦中观层面，实践规划的重点在于构建农业绿色产业体系，即倡导农业与其他产业间的密切合作，合理分配、运用资源，改变传统高能耗的生产方式。聚焦微观层面，主要规范农户农业生产行为，充分调动其绿色生产的积极性。与此同时，通过新型农业经营主体的典型示范，引导和提升小农户的绿色生产经营水平。

二、农业绿色发展的运作模式

当农业的绿色发展被付诸实践中时，其运作模式不可或缺。中国在近些年的农业绿色发展实践中逐步探索出了以浙江省为代表的全域农业绿色发展模式、上海市崇明区为代表的都市现代绿色发展模式、河北省围场县为代表的旱作节水农业发展模式以及青海省刚察县为代表的生态畜牧业发展模式等典型案例。尽管不同地区农业绿色发展模式上存在一定差异,形式也较为多元化,但这也为未来中国农业绿色发展运作模式在优化制度设计、重视功能定位、转变内生动力和尊重个体差异方面积累了宝贵素材。

(一)制度设计:走因"策"制宜的农业绿色发展道路

发展的制度设计方面,农业绿色发展离不开政策体系和法律法规的保驾护航。在"激励""约束"搭配的制度运行模式下,一方面,出于政策激励的视角,以生态补偿为抓手,开发建立绿色金融投资项目,对一些重点生态功能区进行合理保护,引导和激励农业经营者转变生产方式。比如,中国青海畜牧区的退耕还林还草工程,在保护草原生态系统的同时也帮助牧民取得了可观的经济收益。另一方面,出于制度约束视角,具体以正式和非正式制度的互动来实现。其中正式制度包括国家层面的行政、法律框架等(North,1990[1])。正式制度依托法律的约束效力,通过提高违法成本和惩罚标准,对破坏生态环境的违法行为进行严厉打击,为生产者划清行为边界。非正式制度包括价值信念、文化传统、风俗习惯等(North,1990[2])。非正式制度以生态文明理念、绿色发展理念等为引导,能够对农业从业者形成一定的道德约束,从而形成对正式制度的有效补充。

(二)功能定位:走因"地"制宜的农业绿色发展道路

发展的功能定位方面,中国幅员辽阔,各地区农业资源的承载力、生态结

---

[1]　North D C., "Institutions, Institutional Change, and Economic Performance", Cambridge University Press,1990.

[2]　North D C., "Institutions, Institutional Change, and Economic Performance", Cambridge University Press,1990.

构等方面均存在着差异,农业绿色发展需要根据各地区的要素禀赋。综合考虑消费需求、生产现状、水土资源条件等因素,分区域、分类型进行多样化的生产空间排布,从而借力地区优势,形成具有比较优势的农业产品,走因"地"制宜的农业绿色发展道路。在功能性差异化为导向的运作模式下,农业生产最终目的可以被归纳为"以功能性为主"和"以产品性为主"的两大类别。其中以功能性为主的农业生产倾向于关注农业在营养、健康、休闲以及文化等方面的功能拓展,与此同时结合地区民俗特色,发展集生态保护与人文关怀于一体的绿色农业。比如,以上海市崇明区为代表发展的优势都市农业,充分结合城郊地区旅游资源,开展乡村生态旅游。而产品性为主的农业生产则优先满足农作物的充分、安全供给,在此基础上结合地区的产品类别特色,建立规模化生产基地,实现集高效生产与区域经营为一体的绿色农业。比如,以浙江省为例的全域绿色发展模式,通过打造地区绿色品牌,实现产业的规模增收。

(三)内生动力:走因"技"制宜的农业绿色发展道路

发展的内生动力方面,农业绿色发展离不开科技的创新与繁荣。依靠中国现有的农业技术,加之耕地、水资源等的约束,想要实现粮食增产的难度将会越来越大。因此,科学技术在农业领域的结合与应用显得十分必要。在科技创新为内生动力的运作模式下:其一,重视农业绿色生产技术的研发与应用。借助数字化创新机制,将绿色农业技术与大数据、云计算、区块链等现代技术进行集合。以农业生产全链条"卡脖子"问题为突破口,加大绿色技术的研发投资,开发适应不同生产环节的农业绿色技术。其二,重视农业绿色技术专业人才、服务队伍的"科研智囊团"培养。一方面,完善农业科研成果产权认定制度,主动赋予科研人员科技成果所有权,以此激发农业领域知识产权创造与应用。另一方面,通过建设农业领域国家重点实验室等科技创新平台基地,打造产学研深度融合,以此加快先进农业绿色技术的深入推广与应用。

（四）个体差异：走因"人"制宜的农业绿色发展道路

发展的个体差异方面，由于不同行为目标驱动下的小农生产，尤其是亲环境行为，也存在着显著不同（张露，2020①），因此有必要针对性地诱导农户走差异化的绿色生产道路，以促进农业经营主体的生产行为绿色化。在尊重农户个体禀赋差异化的运作模式下：对于自给自足的生存型小农，其农业生产的核心目标在于维持基本生计，因而偏好低风险低成本的环境友好型要素投入。将这类农户吸纳至专业的农业社会化生产队伍，接受更为正规的绿色生产培训，以职业农民的身份协助其更好地实现绿色经营。对于追求田园舒适的生活型农户，其家庭成员大多从事非农经营，农业生产方面拥有资金实力购买先进的农业生产技术。继而，可以鼓励其连片经营，形成绿色规模化经济。对于追求产量最大化的生产型农户，依靠化肥、农药等生产要素的密集投入是其农业生产经营的特点，因而强化生产服务的外包将有助于减缓生产环节的过度投入，帮助其提升农业产品的品质。对于追求功能拓展的功能型农户，开展生态休闲农业是其主要目标。该群体自身拥有较高的农业绿色生产潜力，必要时可以给予适当的信贷、融资支持，以赋能绿色发展。

---

① 张露：《小农分化、行为差异与农业减量化》，《农业经济问题》2020 年第 6 期。

第四章　长江经济带生态环境与
农业生产的耦合机制

自 1978 年改革开放以来,中国的农业迅猛发展并得到了世界广泛关注,其中粮食增产显著,从 1978 年的 30476.50 万吨跃升到了 2023 年的 69541.00 万吨,基本解决了国家的粮食安全和百姓的吃饭问题,与此同时也产生了环境污染问题。在人多地少的基本国情的情况下,为提高粮食产量,大量农药、化肥和农膜等石化要素不得不被使用。作为中国重要的经济区和生态承载区,长江经济带生态环境与农业生产的协调发展引起了党和政府的高度重视。

2016 年在推动长江经济带发展座谈会上,习近平总书记重点突出了长江生产系统的重要性,并强调要把修复长江生态环境放在压倒性位置,共抓大保护,不搞大开发①。如此说明,推动长江经济带稳健发展应遵守注重生态、绿色发展的原则。农业生产是生态建设的着力点,找到从源头和根本上为农业提高生产效率和减排的方法才是重点。作为中国农业主产区之一,长江经济带有明显的地区差异性。下游地区偏向打造外向型和都市型农业,中游地区的经济作物种植表现突出且农副产品加工业发展态势大好,上游地区第一产业增长率占全流域农业生产总值的比重较大,农业生产对打造长江经济带大

---

① 《习近平总书记推动长江经济带高质量发展金句》,《人民日报》2023 年 10 月 13 日。

保护格局来说意义深远,探索生态环境系统与农业生产之间的耦合机理,了解并确定农业发展对保护长江经济带生态政策的意义有益于长江经济带进一步发展农业,实现绿色发展。

已有的针对生态系统与农业生产的关系研究大多聚焦两个方面:从微观角度探究农业废弃物资源化利用(潘丹、孔凡斌,2015[①];赵会杰、于法稳,2019[②])、以及农业生态补偿机制与标准(杨祁云等,2023[③]);从宏观角度利用省级面板数据探究生态与经济耦合关系(刘轶等,2023[④])、农业面源污染影响与治理(彭秀丽、马晓迪,2023[⑤])、生态效率的评价与改善(李志英等,2023[⑥])。上述研究重点集中在农业生产与生态系统之间的负向反应以及如何改进,也即农业对生态不利的情境下应如何解决和改善这种不利影响。应注意到,农业能提供产品是源于生态系统的支持,但反过来,农业也能因为固碳、水土保持、局部小气候调节和保护生物多样性而正向回护生态系统。由此,提供农业生产对生态系统的回护这一重要视角能为绿色发展作出重要贡献。

综上所述,对于生态系统与农业生产的耦合机制研究,大多重视农业生产对生态系统的污染破坏与修复,相对忽略农业生产对生态系统的保育价值与强化。本章基于现有文献资料,采用1997—2020年长江经济带11省市面板

---

① 潘丹、孔凡斌:《养殖户环境友好型畜禽粪便处理方式选择行为分析——以生猪养殖为例》,《中国农村经济》2015年第9期。

② 赵会杰、于法稳:《基于熵值法的粮食主产区农业绿色发展水平评价》,《改革》2019年第11期。

③ 杨祁云、孙大元、刘平平:《信息化管理生态补偿机制在广东省农业面源污染治理中的实践与成效》,《生态经济》2023年第11期。

④ 刘轶、王倩娜、廖奕晴:《成都都市圈生态与社会经济系统耦合协调动态演化、多情景模拟及其政策启示》,《自然资源学报》2023年第10期。

⑤ 彭秀丽、马晓迪:《新时代农业面源污染治理绩效评价研究综述》,《农村经济与科技》2023年第15期。

⑥ 李志英、薛梦柯、李文星:《"三生"视角下生态效率研究进展》,《生态经济》2023年第11期。

数据,在改进的"驱动力—状态—响应"(Driving Force-State-Response,DSR)理论模型基础之上构建相关指标体系,综合运用熵值法、加权 TOPSIS 法以及耦合协调模型来研究长江经济带生态环境和农业生产之间的耦合协调关系,以期为长江经济带生态环境与农业发展协同发展,推进农业绿色化发展提供经验性证据。

第一节　长江经济带生态环境与农业生产的耦合机理

以中国科学院资源环境科学信息中心(Resource and Environment Science Information Center)报告为标准来划分,主要有五种可持续发展指标体系分析框架,具体如下:一是压力—响应模型;二是基于经济的模型;三是社会—经济—环境三分量模型;四是人类—生态系统福利模型;五是多种资本模型等(刘奔腾等,2023[①])。根据理论和实践检验,压力—响应模型逻辑缜密、形式简单明了、与现实联系紧密,且应用广泛。尤其是,国际等多组织共同努力,将 PSR[②] 模型进一步拓展为 Drive Force-State-Response(DSR)模型,即"驱动力—状态—响应"模型,推动可持续发展指标体系分析框架的拓展与应用。本研究以改进的 DSR 模型为基础,探究长江经济带生态环境与农业生产的耦合机制。具体而言:

第一,从主体行为的纵向维度来考察长江经济带生态环境系统与农业生

① 刘奔腾、杨程、张婷婷:《生态宜居视角下的黄土高原乡村建设质量评价——以陇东地区为例》,《干旱区资源与环境》2023 年第 4 期。
② 具体地,联合国经济合作与发展组织(Organization for Economic Co-operation and Development,OECD)、联合国可持续发展委员会(United Nations Conference on Environment and Development,UNCSD)、联合国政策协调与可持续发展部(United Nations Department for Policy Coordination and Sustainable Development, DPCSD)基于压力—响应模型的改进,形成了 Pressure-State-Response(PSR)模型,即"压力—状态—响应"模型(OECD,1992)。

产系统的耦合机制。生态环境与农业经济生产耦合系统中的主体行为一般以自然为基础进行农业生产。其造成的后果有：一方面形成了农业资源的逐渐稀缺与人们对农产品需求的逐渐增长之间的矛盾；另一方面形成了农业生态环境恶化与人们追求环境友好型社会间的矛盾。在农业生产中，农业生态环境的恶化和生态资源的消耗成为个体去保护和改善生态环境的"直接驱动力"。所以，"直接驱动力"指标即为主体行为纵向维度下的"驱动力"指标，农业生产造成的环境污染程度和农业资源的消耗程度都处于衡量范围内。而"状态"指标对照对农业污染的测评和农业自然资源状况等指标，相应的"响应"指标可对照改善投资模式、增加污染防治效果和提高资源利用率等指标。

第二，从主体行为的横向维度来考察长江经济带生态环境系统与农业生产系统的耦合机制。在人类经济社会中，耦合系统里资源的相对稀缺与行为主体间的竞争紧密相连。根据竞争优势理论，个体只有在拥有具备自身特征的核心竞争力后，才有在竞争中获得相对优势的可能性，并以此得到最终的竞争优势。与"直接驱动力"下的驱动行为不同，耦合系统中的行为主体之间的竞争是一种以自身特征为基础，以获取更多资源为目的，以建立核心竞争力为手段的间接驱动行为，抑或是衍生驱动行为，使得由争取竞争优势导致的自主驱动得以呈现。所以，"间接驱动力"指标，即行为主体之间的横向比较指标可大致概括主体行为的横向维度下的"驱动力"指标，相应的"状态"指标对照行为主体在相互竞争过程中的发展程度来表现，与此对应的"响应"指标主要体现在政府行为对"状态"的应对策略。

第三，从主体行为的时间维度来考察长江经济带生态系统与农业生产的耦合机制。以历史的眼光来看生态环境与农业生态两者互动耦合系统的发展，以工业革命（即 18 世纪 60 年代到 19 世纪 40 年代）为界线，在此之前，生态环境与农业经济处于低水平的耦合状态，传统农业的发展对生态环境的损害有限。随后，尽管农业生产因与石油结合助力人类快速获取大量农业产品，但也不可避免地一定程度上造成生态环境恶化,农业生态环境同农业经济的非协同现象显露出来,农业与人类经济社会的可持续发展面临严峻挑战。为此,可持续发展战略得以被提出,力图使人与自然的对立关系转向和谐关系,在一定程度上可以说是回归于传统农业时代。需要注意的是,这绝不是单纯地回到过去,而是基于现有生产力的不断渐进式上升演进,为达成可持续发展目标而有效结合经济社会的发展与自然资源的合理利用和生态环境的保护。和谐社会观念的发扬,给中国的永续发展提出新要求,应规范和约束粗放型农业生产,这些"标准"和"要求"都可作为"间接驱动力",相应各指标可对照发展规划指标,其中,"状态"变量可对照表现为农业经济发展状况的指标,"响应"变量大致可对标农业经济政策的不断演变过程中变动。

经以上三个维度考察后,长江经济带生态环境系统与农业生产系统的耦合机理分析框架可描绘为图4-1。其中"驱动力"指标解释了个体行为方式、过程和结果如何影响系统;"状态"指标体现了包含生态环境和农业生产状态的耦合系统协同发展的"状态";"响应"指标体现了行为主体应如何应对才能实现耦合系统的协同发展和农业可持续发展。

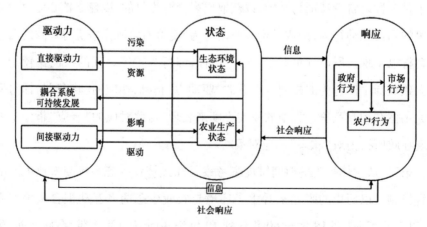

图4-1 长江经济带生态环境与农业生产的耦合机理分析框架

资料来源:笔者绘制。

第二节　长江经济带生态环境与农业生产的耦合模型构建

一、生态环境与农业生产的耦合指标体系构建

基于长江经济带生态环境与农业生产的耦合机理分析框架,本研究从长江经济带生态环境与农业生产的现阶段特征出发,联合《全国农业现代化规划(2016—2020年)》和《农业农村部关于支持长江经济带农业农村绿色发展的实施意见》,围绕生态环境系统和农业生产系统两大核心,分别从"驱动力"、"状态"和"响应"三个维度构建耦合系统协同发展评价指标体系,以探究长江经济带生态环境与农业生产的耦合机制。

在"驱动力"方面,参考唐启飞和何蒲明(2019)[①]等的研究,选取废气排放(A_1,万吨)、废水排放(A_2,万吨)、受灾面积(A_3,千公顷)、成灾面积(A_4,千公顷)、人口密度(A_5,人/平方公里)作为生态环境系统的评价指标;将农业总产值(B_1,亿元)、粮食作物总产量(B_2,万吨)、农村居民可支配收入(B_3,元/人)、农业碳排放总量(B_4,万吨)作为农业生产系统的评价指标。

在"状态"方面,参考张荣天和焦华富(2015)[②]、张建威和黄茂兴(2021)[③]等学者的研究,选取年末实有耕地面积(A_6,千公顷)、湿地面积(A_7,千公顷)、森林面积(A_8,千公顷)、水资源总量(A_9,亿立方米)作为生态环境系统的评价指标;选取农业劳动力投入(B_5,万人)、农作物播种面积(B_6,千公顷)、农业机

---

①　唐启飞、何蒲明:《农业生态环境—粮食生产—农业补贴耦合协调发展研究——以湖北省为例》,《生态经济》2019年第9期。

②　张荣天、焦华富:《中国省际城镇化与生态环境的耦合协调与优化探讨》,《干旱区资源与环境》2015年第7期。

③　张建威、黄茂兴:《黄河流域经济高质量发展与生态环境耦合协调发展研究》,《统计与决策》2021年第16期。

械总动力（B_7，万千瓦）、化肥施用量（B_8，万吨）、农药施用量（B_9，万吨）、农膜使用量（B_{10}，万吨）作为农业生产系统的评价指标。

在"响应"方面，参考张荣天和焦华富（2015）[①]、唐启飞和何蒲明（2019）[②]等学者的研究，选取造林面积（A_{10}，千公顷）、环境污染治理投资额（A_{11}，万元）、水土流失治理面积（A_{12}，千公顷）、有效灌溉面积（B_{11}，千公顷）、财政支农水平（B_{12}，%）作为农业生产系统的评价指标。

二、生态环境与农业生产的耦合模型设定

基于生态环境与农业生产耦合的构成因素和影响机理，对生态环境系统和农业生产系统进行分解，分别建立各系统的分要素评价模型，其中，分要素模型又由若干个具体指标构成，进而构建生态环境与农业生产的耦合协调模型，对协调发展程度进行判断，具体模型设定如下。

（一）熵值法

在多指标综合评价过程中，合理确定权重不容忽视。确定权重的方法有许多可供选择，按照数据出处可将权重确定方法分为两大类（张虎等，2022[③]）：一是主观赋权法，其主要通过专家根据自身主观经营进行权重赋值，具体包含专家调查法、层次分析法、古林法、模糊评价法等；二是客观赋权法，其不依赖于人的主观判断，要求数据全部来自客观实际，具体包含主成分分析与因子分析法、变异系数法、灰色关联度法、熵权系数法等（张跃胜等，2022[④]）。但以

① 张荣天、焦华富：《中国省际城镇化与生态环境的耦合协调与优化探讨》，《干旱区资源与环境》2015年第7期。
② 唐启飞、何蒲明：《农业生态环境——粮食生产——农业补贴耦合协调发展研究——以湖北省为例》，《生态经济》2019年第9期。
③ 张虎、张毅、韩爱华：《我国产业链现代化的测度研究》，《统计研究》2022年第11期。
④ 张跃胜、邓帅艳、张寅雪：《城市经济韧性研究：理论进展与未来方向》，《管理学刊》2022年第2期。

上方法各有其局限性,比如,尽管主观赋权使决策者的经验判断得以表现,且权重设定与实际状况契合,但无法排除评价者自身阅历、经验等主观因素带来的局限性;客观赋权尽管能很好表征评价指标的特点与不同之处,能以数据本身为依据调整不同变量的指数权重,但因为缺少专家的知识与经验加持,故指标的重要性易被一致化,此外,样本数据及时间容易对主成分分析所得权重产生影响,且当指标有变化时主成分结果可能有很大不同,这时的权重系数不合乎要求(张跃胜等,2022[①])。同时,主成分分析与因子分析法无法取得所有独立指标的客观权重,只能得到部分主成分或因子的权重,此外,因子分析不适用于构成因子的指标之间关联性不够的情况(蔡延泽等,2021[②])。

基于上述分析,在确定权重时,本研究选取熵值法。相比之下该方法能够更好地减少多指标之间的信息叠加和指标权重的主观性带来的不利影响,减少人为带来的干预,同时让所得指标权重值更加客观和可信,因此熵值法在实证研究中运用广泛。熵值法的核心思想在于,熵是通过度量变量指标的不确定性来赋权,变量包含的信息量越大,其不确定性越小,对应的熵值越小和权重越大。该方法的基本原理是,通过计算熵值及其特征来判断一个指标变量的随机性及其无序程度,同时,也可通过熵值来计算指标变量的离散程度,其中指标变量的离散程度越大,对应的指标对综合评价的影响(权重)越大。若某指标的取值都相等,则该指标对总体评价的影响为0,对应权重为0。因此,熵值法主要依赖于变量数据本身的离散性,是一种客观赋权法。

假设有 I 个待评方案,J 个评价指标变量,则指标原始数据矩阵为 $A = \begin{pmatrix} X_{11} & \cdots & X_{1m} \\ \vdots & \vdots & \vdots \\ X_{n1} & \cdots & X_{nm} \end{pmatrix}_{n \times m}$,$i = 1,2,\cdots,I$,$j = 1,2,\cdots,J$,其中,$X_{ij}$ 为第 i 个方案第 j

---

① 张跃胜、邓帅艳、张寅雪:《城市经济韧性研究:理论进展与未来方向》,《管理学刊》2022年第2期。

② 蔡延泽、龚新蜀、靳媚:《数字经济、创新环境与制造业转型升级》,《统计与决策》2021年第17期。

个指标的数值。具体计算过程如下：

步骤一：对原始变量指标进行标准化处理。为了保持评分与样本状态的一致性，需对原始数据矩阵 A 进行无量纲化处理，即 $\tilde{X}_{ij} = (X_{ij} - \bar{X}_j)/\delta_j$，其中，$\tilde{X}_{ij}$ 为标准化后的样本数据值，$\bar{X}_j$ 为第 j 项指标数据的均值，δ_j 为第 j 项指标数据的标准差。

需要注意的是，由于小于指标样本均值的数据在进行上述标准化处理后会呈现负值，而负值对评价没有意义。因此，进一步使用平移的方法消除负值，即 $X'_{ij} = \tilde{X}_{ij} + b$，其中，$b$ 表示指标的平移幅度，且 $b > |\min(\tilde{X}^{ij})|$，若 b 的取值越接近于 $|\min(\tilde{X}^{ij})|$，则评价效果越显著。为了方便起见，记标准化指标数据平移后的值为 X'_{ij}。

步骤二：计算第 i 个方案第 j 个指标的比重，即 $P_{ij} = \dfrac{X'_{ij}}{\sum\limits_{i=1}^{n} X'_{ij}}$，$(j=1,2,\cdots,m)$，该值反映的是标准化矩阵中第 i 个样本第 j 项指标的接近度。

步骤三：计算第 j 个指标的熵值，即 $e_j = k \times \sum\limits_{i=1}^{n} P_{ij}\ln(P_{ij})$，其中 $k>0, e_j \geq 0$，常数 k 与样本数 m 有关，一般令 $k = \dfrac{1}{\ln m}$，则 $0 \leq e_j \leq 1$。

步骤四：计算第 j 个指标的信息效用值。对于第 j 个指标，指标值 X_{ij} 的差异越大，对于方案评价的影响越大，则熵值就越小，故第 j 个指标的信息效用值为 $g_j = 1 - e_j$。

步骤五：计算权重。熵值法计算各指标权重的过程，本质上是通过该指标信息的价值系数来体现，当价值系数越大时，该指标对评价的重要性越重要。因此，对于第 j 个指标，其权重可计算为 $W_j = g_j / \sum_{j=1}^{m} g_j$，$j=1,2,\cdots,n$。

（二）加权 TOPSIS 法

作为系统工程中常用的多决策方法，加权 TOPSIS 法已在各研究领域广

泛应用,其具体操作的基本逻辑如下:

第一,根据公式 $Y_{ij}^* = \dfrac{X_{ij}}{\sum_{i=1}^{m} X_{ij}}$ 构建规范化决策矩阵 $Y = (Y_{ij}^*)_{m \times n}$,然后

结合熵值向量 W_j 得到加权规范化矩阵 A,具体表达式为:

$$A = (A_{ij})_{m \times n} = (W_j \times Y_{ij}^*)_{m \times n} \tag{4-1}$$

第二,设定正理想解与负理想解,从而确定正理想向量 A_j^+ 和负理想向量 $A_j^-(j = 1, 2, \cdots, n)$。

$$A_j^+ = \max(A_{1j}, A_{2j}, \cdots, A_{mj}) \tag{4-2}$$

$$A_j^- = \min(A_{1j}, A_{2j}, \cdots, A_{mj}) \tag{4-3}$$

第三,基于欧几里得距离公式,计算各评价指标分别到正理想解距离 D_j^+ 和负理想解距离 D_j^-,具体如下:

$$D_j^+ = \sqrt{\sum_{j=1}^{n} (A_{ij} - A_j^+)^2} \tag{4-4}$$

$$D_j^- = \sqrt{\sum_{j=1}^{n} (A_{ij} - A_j^-)^2}, (i = 1, 2, \cdots, m) \tag{4-5}$$

最后,计算各指标理想解的贴近度 B_i,然后根据其大小进行排序:

$$B_i = \frac{D_i^-}{D_i^+ + D_i^-} \tag{4-6}$$

(三)耦合协调度评价模型

作为各自系统表现的评价对照,农业生态系统和农业生产系统综合评价指数有助于提升农业生态经济系统的有序度,也即各系统在耦合系统指标上的总功效或功效集合。本研究借鉴瓦莱丽(Valerie,1996)[1]的做法,利用耦合系数模型来量化生态系统与农业生产系统两者间的耦合协同程度。其中,多个系统相互作用、互动的耦合协调度评价模型具体操作如下:

---

① Valerie I., The Penguin Dictionary of Physics, Beijing Foreign Language Press, 1996.

首先,计算生态系统和农业生产系统的综合评价指数:

$$U_i^t = \sum_{i=1}^{m} B_{ij}^t, (U_i^t = E_i^t, F_i^t) \tag{4-7}$$

式(4-7)中,E_i^t、F_i^t分别表示 t 年的生态环境、农业生产两大系统的评价指数。

其次,基于耦合系数模型,计算得到两大系统的耦合度公式:

$$C_i^t = \left\{ \frac{E_i^t \times F_i^t}{[(E_i^t + F_i^t)/2]} \right\}^{\frac{1}{2}} \tag{4-8}$$

其中,C_i^t 表示生态环境系统与第 i 项农业生产指标第 t 年的耦合度值,其取值范围介于 0—1。值得注意的是,C_i^t 值越大,对应的耦合度越好,这表明生态环境与农业生产两大系统之间存在相互作用,但难以量化两系统耦合协调水平的高低。鉴于此,本研究借鉴唐晓华等(2018)[1]的做法,进一步量化两系统间耦合协调发展程度,具体公式如下:

$$D_i^t = \sqrt{C_i^t \times T_i^t}, T_i^t = \alpha E_i^t + \beta F_i^t \tag{4-9}$$

式(4-9)中,D_i^t 表示耦合协调度;T_i^t 表示生态环境和农业生产两大系统的综合评价指数;α、β 为待估系数,反映了各系统在综合发展中的权重。已有文献普遍认为各相关系统之间在协调发展上是互补的,对于各系统权重的设定多采用主观赋权的方法,即在权重之和为 1 的前提下将不同系统的重要性等同并赋予相同权重(姜磊等,2017[2])。然而,在现实情况下,不同时期的发展阶段,综合考虑系统的短期目标和现实效益的影响,农业可持续发展的各系统在长期发展过程中的重要程度应有主次之分,主观赋予相同权重的做法可能导致估计有偏。为了保证研究估计结果的准确性与科学性,本研究根据两大系统所选取指标数据的特征与发

---

① 唐晓华、张欣珏、李阳:《中国制造业与生产性服务业动态协调发展实证研究》,《经济研究》2018 年第 3 期。

② 姜磊、柏玲、吴玉鸣:《中国省域经济、资源与环境协调分析——兼论三系统耦合公式及其扩展形式》,《自然资源学报》2017 年第 5 期。

展规律采用熵值法对各系统进行二次赋权,通过计算最终各待定参数 α 、β 分别确定为 0.657、0.343。针对不同层级的耦合协调度,本研究参考唐晓华等(2018)[①]的做法,依照两大系统耦合系统的发展阶段先大致将其划分为 3 个等级:可接受区间、过渡区间、不可接受区间;随后,参考不同系统在各时间段的耦合协调程度有不同的特点,进一步将 3 个层次细分为 10 种基本类型,耦合协调指数越大则等级越高,具体的划分标准及协调类型见表 4-1。

表 4-1　耦合协调指数等级划分标准

区间	不可接受区间			
耦合协调指数	$0 < D_i^t \leq 0.1$	$0.1 < D_i^t \leq 0.2$	$0.2 < D_i^t \leq 0.3$	$0.3 < D_i^t \leq 0.4$
基本类型	极度失调衰退型	重度失调衰退型	中度失调衰退型	轻度失调衰退型
区间	过渡区间			
耦合协调指数	$0.4 < D_i^t \leq 0.5$	$0.5 < D_i^t \leq 0.6$		
基本类型	濒临失调衰退型	勉强协调发展型		
区间	可接受区间			
耦合协调指数	$0.6 < D_i^t \leq 0.7$	$0.7 < D_i^t \leq 0.8$	$0.8 < D_i^t \leq 0.9$	$0.9 < D_i^t \leq 1.0$
基本类型	初级协调发展型	中级协调发展型	良好协调发展型	优质协调发展型

资料来源:笔者整理而得。

三、生态环境系统与农业生产系统的指标设定

目前关于生态环境系统与农业生产系统之间耦合关系的研究,现有文献有多种生态环境系统与农业生产系统指标体系的方法,但尚未构建统一的指

---

　　① 唐晓华、张欣珏、李阳:《中国制造业与生产性服务业动态协调发展实证研究》,《经济研究》2018 年第 3 期。

标体系。参考张利国等（2023）[1]、杨秀玉和乔翠霞（2023）[2]等学者的做法，本章节依照数据的可得性、指标的代表性以及系统的关联性等准则，选取 24 个单项指标来评价生态环境系统与农业生产系统。

（一）生态环境系统

基于上述系统耦合评价体系以及参考既有研究，本研究从"驱动力""状态""响应"三个方面选取了 12 个单项指标对长江经济带的生态环境系统进行量化。具体包括：废气排放（A_1，亿标立方米），该指标以各省每年的废气排放总量计算，包括二氧化硫排放总量和氮氧化物排放总量；废水排放（A_2，万吨），该指标以各省每年的废水总排放量计算，包括化学需氧量排放量、总氮排放量、总磷排放量、金属化合物废水排放量等；受灾面积（A_3，千公顷），该指标以各省每年的受灾面积计算，包括水灾和旱灾等极端气候灾害所引致的受灾面积总和；成灾面积（A_4，千公顷），该指标以各省每年的成灾面积计算，包括水灾成灾面积和旱灾成灾面积等；人口密度（A_5，人/平方公里），该指标以人口总数除以区域面积计算；年末实有耕地面积（A_6，千公顷）；湿地面积（A_7，千公顷）；森林面积（A_8，千公顷）；水资源总量（A_9，亿立方米），基于国家统计局的统计口径，该指标的计算公式为水资源总量＝地表水资源量＋地下水资源量−地表水与地下水资源重复量；造林面积（A_{10}，千公顷）；环境污染治理投资额（A_{11}，万元），利用 GDP 平减指数将该指标换算成以 1997 年为基期的环境污染治理投资额；水土流失治理面积（A_{12}，千公顷），该指标在一定程度上反映了政府部门对水土环境保护方面的投入力度。

---

① 张利国、谭笑、肖晴川、刘爱文：《基于气候资源投入的中国农业生态效率测度与区域差异》，《经济地理》2023 年第 4 期。

② 杨秀玉、乔翠霞：《农业产业集聚对农业碳生产率的空间溢出效应——基于财政分权的调节作用》，《中国人口·资源与环境》2023 年第 2 期。

（二）农业生产系统

农业有广义和狭义之分,前者囊括了种植业、林业、畜牧业、渔业、副业五种产业形式;后者指种植业,囊括了生产粮食、经济和饲料等农作物的生产形式(张利国等,2023[①])。本研究中的农业特指狭义农业,即种植业。根据中国农业生产投入产出特征以及上述系统耦合评价体系,本章选取了 12 个单项指标来量化农业生产系统,具体指标为:农业总产值(B_1,亿元):将农业总产值作为评价农业生产的"驱动力"变量之一,调整数据为 1997 年不变价格产值来降低物价变化带来的影响;粮食作物总产量(B_2,万吨);农村居民可支配收入(B_3,元/人):过往研究中常用的农村居民人均可支配收入被选以反映农民进行农业生产的总收入水平,同时,本研究以 1997 年为基期,利用农村居民消费指数(CPI)对农村居民人均可支配收入进行价格平减来减少价格对估计结果带来的影响;农业碳排放总量(B_4,万吨),由于农业碳排放主要来源于化肥、农药和农膜等农业化学投入要素的生产和使用,农业机械使用消耗化石燃料(主要是农用柴油)所产生的碳排放,农业灌溉过程中电能消耗造成的间接碳排放以及农业耕作引起有机碳流失到空中所形成的碳排放等,本研究利用农用化肥、农药、农膜、柴油、翻耕和灌溉六种碳源所产生的碳排放之和来表征农业碳排放总量[②];农业劳动力投入(B_5,万人),农业劳动力投入(B_5,万人),因为现有数据中只有农林牧渔业从业人员数据而没有单独农业部门人员数据,因此参考既有研究处理方法,参照农业总产值占农林牧渔业总产值的比例从农林牧渔业从业人员中同比得到(李谷成等,2013);农作物播种面积(B_6,千公顷),

---

① 张利国、谭笑、肖晴川、刘爱文:《基于气候资源投入的中国农业生态效率测度与区域差异》,《经济地理》2023 年第 4 期。

② 碳排放估算公式为:$E = \sum E_i = \sum T_i \times \delta_i$,其中,$E$ 为农业的碳排放总量,E_i 为各种碳排放源的碳排放量,T_i 为各碳排放源的量,δ_i 为各碳排放源的碳排放系数。根据已有研究,农业各碳排放源的碳排放系数为:化肥的碳排放系数为 0.896 千克/千克;农药的碳排放系数为 4.934 千克/千克;农膜的碳排放系数为 5.180 千克/千克;柴油的碳排放系数为 0.593 千克/千克;灌溉的碳排放系数为 312.6 千克/平方千米;翻耕的碳排放系数为 312.600 千克/平方千米(杨秀玉、乔翠霞,2023)。

选用农作物总播种面积来更精确地反映农业生产过程中实际土地使用情况;农业机械总动力(B_7,万千瓦),采用农业机械总动力来量化农业机械投入;化肥施用量(B_8,万吨),以化肥施用折纯量表征;农药施用量(B_9,万吨);农膜使用量(B_{10},万吨),该指标以各省第一产业农膜实际使用量计算;有效灌溉面积(B_{11},千公顷),该指标以各省每年实际的有效灌溉面积计算;财政支农水平(B_{12},%),取各省财政支农占财政总支出比重以表征财政支农水平,其中包括国家财政支农投资包括支农生产支出、农林水利气象等部门事业费、农业基本建设支出及综合开发等支出,该变量在一定程度上体现了政府对农业生产的重视。

　　针对本研究的数据处理与样本选择,需要说明的是,考虑到重庆市 1997 年才设立,基于数据的可得性,本研究选取 1997—2020 年长江经济带 11 个省市的面板数据作为实证研究样本,其中缺失值采用线性插值法补齐①。利用熵值法计算上述各指标权重,计算结果见表 4-2。

表 4-2　长江经济带生态环境系统与农业生产系统各指标权重

系统	一级指标	二级指标	权重	系统	一级指标	二级指标	权重
生态环境系统	驱动力	A_1	0.036	农业生产系统	驱动力	B_1	0.045
		A_2	0.046			B_2	0.043
		A_3	0.043			B_3	0.042
		A_4	0.038		状态	B_4	0.048
		A_5	0.030			B_5	0.047
	状态	A_6	0.030			B_6	0.045
		A_7	0.038			B_7	0.042
		A_8	0.040			B_8	0.045
		A_9	0.041			B_9	0.043
	响应	A_{10}	0.042			B_{10}	0.038
		A_{11}	0.032		响应	B_{11}	0.056
		A_{12}	0.044			B_{12}	0.046

　　① 其中,11 个省市具体为上海市、浙江省、江苏省、江西省、安徽省、湖北省、湖南省、重庆市、四川省、云南省、贵州省。所得指标数据来源主要为历年《中国统计年鉴》、《中国农村统计年鉴》、《中国农业机械工业年鉴》和《新中国六十年农业统计资料》及地方年鉴等。

第三节　长江经济带农业生产和生态环境的典型性事实分析

一、长江经济带的农业生产现状

本研究首先通过对特征性事实的描述以分析长江经济的农业生产现状。图4-2和图4-3分别描述了1978—2020年全国和长江经济带区域的粮食总产量和农业总产值的变化。需要说明的是,考虑到可能存在价格因素的影响,本章节以1997年为基期对农业总产值消胀以排除价格因素带来的干扰,图4-3描述了1978—2020年消胀后的农业总产值态势。由图4-2可知,改革开放以来全国和长江经济带地区的粮食总产量呈现出波动上升的趋势,其中,全国的粮食总产量从1978的31405.50万吨稳步增长至2020年的66949.14万吨,其年均增长率为1.82%;而长江经济带的粮食总产量从1978年的11749.00万吨稳步增长至2020年的23914.19万吨,年均增长率高达1.71%,全国和长江经济带粮食生产均呈现高速增长态势,这表明自1978年起,全国的农业生产成果得到全世界广泛关注。从图4-3来看,1978年以来,全国和长江经济带的农业总产值也呈现出不断攀升的变化趋势,长江经济带地区的农业总产值占全国的比重由1978年的36.47%增长至2020年的40.56%,这表明长江经济带地区的农业生产对全国农业经济的贡献率逐年上升,进一步证实了作为中国重要的农产品主产区之一,长江流域主产区是农业发展格局中至关重要的一部分。上述特征性事实结果初步表明,长江经济带区域农业生产状况良好,整体呈现稳步增长的态势。

（单位：万吨）

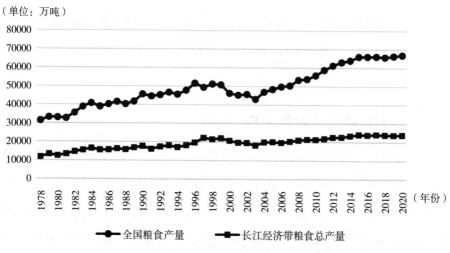

图 4-2　1978—2020 年全国和长江经济带粮食总产量

（单位：亿元）

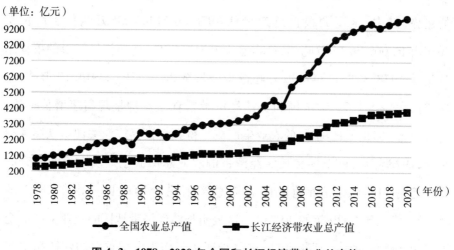

图 4-3　1978—2020 年全国和长江经济带农业总产值

二、长江经济带的农业生态环境发展现状

本研究参考李红莉等(2021)①的效率测算方法,采用含非期望产出的超效率 SBM 模型测算长江经济带各省市的农业生态环境效率②。由于数据的可得性,本研究测算了 1997—2020 年长江经济带各省市的农业环境效率均值,结果见表 4-3。由表 4-3 可知,长江经济带各省市的农业生态环境效率差异较小,其中,1997—2020 年农业生态环境效率均值最高的是上海,其均值为1.098,最低的是湖南,其均值为 0.988,表明以上海为代表的东部地区农业生态环境资源利用效率呈现上升趋势,处于农业发展和生态环境协调发展前沿,是农业绿色化发展的"最佳实践者";而以湖南、江西为代表的中部地区农业生态效率值小于 1,反映了农业资源要素投入可能存在冗余。总体来看,长江经济带地区整体农业生态环境效率均值为 1.023,明显大于 1,说明这一阶段该区域的农业生产率和生态环境资源产出效率较高,在一定程度上反映了长江经济带区域农业生产与生态环境之间的协调发展。

表 4-3　1997—2020 年长江经济带各省市农业生态环境效率均值

指标	上海	江苏	浙江	安徽	江西	湖北
均值	1.098	1.039	1.027	1.008	0.997	1.006
指标	湖南	重庆	四川	云南	贵州	整体
均值	0.988	1.004	0.996	1.024	1.069	1.023

注:本研究借鉴李谷成(2014)的做法,表 4-3 中指数为 1997—2020 年各年份的几何平均数,长江经济带 11 个省市以及长江经济带地区整体所取的平均数同样是各省份的几何平均数。

----

① 李红莉、张俊飚、罗斯炫、何可:《农业技术创新对农业发展质量的影响及作用机制——基于空间视角的经验分析》,《研究与发展管理》2021 年第 2 期。
② 具体地,通过构造一个包含期望产出、非期望产出和投入的农业生产可能集,其中非期望产区表明对生态环境的约束,利用 MaxDEA 软件计算各地区的生态环境效率。由于主要研究种植业的情况,本章节选取农业总产值作为期望产出;以农业生产过程中碳排放总量作为非期望产出;将土地、农业劳动力、化肥、农药、农业机械、农业灌溉、役畜等作为农业投入指标进行测算。

第四节　长江经济带生态环境系统与农业生产系统耦合结果分析

一、长江经济带生态环境系统与农业生产系统综合评价

　　根据表 4-2 中熵值法计算出两大系统各指标权重系数,本研究运用加权 TOPSIS 法计算出长江经济带生态环境系统和农业生产系统的综合评价值,其变化趋势见图 4-4。从 1997—2020 年长江经济带 11 个省市生态环境系统综合评价指数均值来看,长江经济带近年来生态环境保护成效日渐凸显,生态环境系统发展呈现稳步趋优的发展态势。1997—2004 年,生态环境系统综合评价指数总体表现出小幅波动增长趋势,指数值从 1997 年的 0.299 增长至 2004 年的 0.379,其年均增长率为 3.46%;2004—2010 年,生态环境系统综合评价指数总体呈现急剧增长的态势,指数值从 0.379 快速增长至 0.597,其年均增长率高达 7.73%;2010 年之后,该指数值维持稳步上行趋势,这表明长江经济带地区整体生态环境质量逐年好转。结合现实情况分析,党的十八大以来,中央对长江经济带生态建设予以特别关注,着重提出长江拥有独特的生态系统,是中国重要的生态宝库,要把修复长江生态环境摆在压倒性位置,共抓大保护,不搞大开发;推动长江经济带发展必须走生态优先、绿色发展之路,使得长江经济生态环境发展日渐趋好,环境质量不断提升。

　　针对农业生产系统而言,长江经济带地区的农业生产系统综合发展呈现出三个阶段:1997—2003 年,农业生产系统综合评价指数总体呈现平稳的态势,指数值在 0.4 左右徘徊;2004—2010 年,该指数值表现出大幅增长的态势,从 0.426 增长至 0.666,其年均增长率为 7.73%;2010—2017 年,指数值增速放缓,从 0.666 增长至 0.803,其年均增长率为 1.87%。总体而言,长江经济带地区的生态环境系统和农业生产系统综合评价指数呈现不断向好的评价趋势,这与上述特征性事实分析结果相一致。

图 4-4　1997—2020 年长江经济带生态系统和农业生产系统综合评价指数

资料来源:笔者绘制。

进一步地,为分析长江经济带生态环境系统和农业生产系统的主要影响因素和发展变化的成因,本研究通过计算考察 1997—2020 年的响应指标、状态指标、驱动力指标的贡献率①,计算结果见图 4-5 和图 4-6。

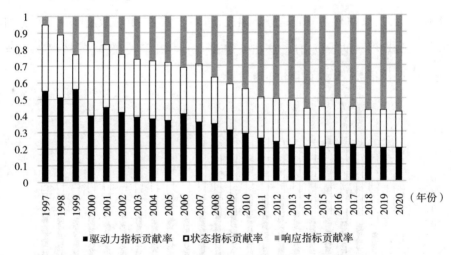

图 4-5　1997—2020 年长江经济带生态环境系统各类指标贡献率示意

————————

① 参考陈锋正(2016)的做法,各指标贡献率的计算公式为:某项指标贡献率=某项指标指数/对应系统综合评价指数 * 100%。

由图 4-5 可知,1997—2020 年的 24 年间,在长江经济带生态环境系统综合评价指数逐渐增高的过程中,总体上看驱动力、状态、响应三种指标贡献率的变化态势存在差异,在响应指标的贡献率不断上升时,其他两类指标贡献率持续下降。2008 年,响应指标的贡献率首次反超了驱动力和状态指标的贡献率,之后响应指标的贡献率保持持续稳定上升态势;以 2005 年为分界点,状态指标的贡献率在此之前基本保持在 30% 以上,在此之后其贡献率尽管有所减小,但仍旧大致保持在 0.2 以上;驱动力指标贡献率在样本期内整体呈现波动下降趋势。

由此可见,长江经济带的生态环境质量变化的本质可以概括为:"响应"类指标拉动了长江经济带生态环境系统综合评价指数的增高,有关产业的主体行为,尤其是政府行为,使生态系统综合评价指数得到了提升;但是,市场、农户行为作为主体的"驱动力"指标不能达成预期,随着综合评价指数的波动,其贡献不断下滑;生态环境系统中的"状态"指标在综合评价指数上升时不仅未上升,反而有下降的趋势。因此,本研究认为,由于政府加大了生态环境污染治理项目的投资力度,这在一定程度上提升了长江经济带生态环境系统综合评价指数,改善了生态环境质量。

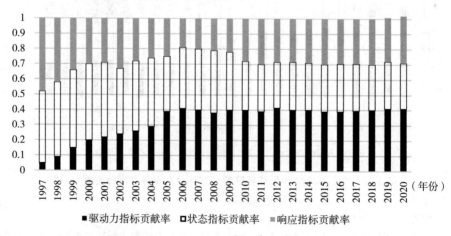

图 4-6　1997—2020 年长江经济带农业生产系统各类指标贡献率示意

由图 4-6 可知,1997—2020 年,伴随着长江经济带农业生产系统综合评价指数的持续提升,驱动力、状态、响应三类指标总体上表现出来的贡献率变化存在差异,驱动力指标贡献率在 2006 年之前呈现小幅波动上升趋势,2006年之后基本维持在 0.4 上下波动;在 2010 年之前状态指标贡献率表现为小幅波动下降,2010 年之后大致稳定在 0.3 附近;在 2008 年之前,响应指标贡献率急剧下降,在 2008 年之后基本稳定在 0.3 左右。需要说明的是,2008—2020 年,驱动力、状态、响应三类指标贡献率均呈现出稳定的发展态势。

1997—2006 年,长江经济带地区的农业生产系统中驱动力指标贡献率虽然在不断提高,但相比于状态指标和响应指标的贡献率,其优势表现不明显,所以在这一阶段农业生产系统整体呈现出小幅波动上升的态势。2006—2020年,相比状态指标和响应指标的贡献率,驱动力指标贡献率明显更高,也因此拉动了农业生产系统的较快增长。

理论上,状态指标贡献率应该基本反映农业生产系统等的发展走势,然而现实中,状态指标贡献率在农业生产缓慢增长的阶段呈现出大幅波动变化态势,而在农业生产稳步增长阶段表现出相对的稳定状态。这在一定程度上表明,农业生产系统无论是缓慢增长还是快速稳定增长都不是正常状态的反映,大量资源消耗导致"状态"因素中农业生产要素投入过多。

对于"响应"因素而言,响应指标的贡献率在农业生产系统提升相对较慢的阶段振动变化,同时在农业生产系统提升较快时呈现较为稳定的态势,这与状态指标贡献率变化相似。这表明,无论行为主体是政府、市场,还是农户,响应指标变化是否剧烈能在很大程度上影响农业生产系统的发展。具体地,在响应指标贡献率出现波动时,农业生产系统发展的增速变缓;当响应指标贡献率稳定时,农业生产系统发展较快。与此同时,值得注意的是,与驱动力指标贡献率相比,响应指标贡献率相对来说仍较低,不能作为积极促进农业生产系统发展的要素。因此,以改变农业发展方式为切入点,增加农业生产主体行为的活跃度和参与率,转换粗放型的"三高"低效发展模式,转而使农业产业走

"两型"发展道路，综合考虑市场激励、政策扶持和农户，使响应指标贡献率得到提升，引导农业生产系统积极发展。

二、长江经济带生态环境系统与农业生产系统耦合协调发展分析

通过上述长江经济带生态环境系统和农业生产系统的发展现状分析，本研究计算得出两个系统的综合评价值（E_i^t、F_i^t），即生态环境系统和农业生产系统的"贡献"。参考已有研究的做法（任志远等，2011[①]；刘轶等，2023[②]），本研究结合长江经济带生态环境系统和农业生产系统的实际情况，对两者的综合评价值进行比较分析，形成 E_i^t 和 F_i^t 的对比关系（见表4-4）。

表4-4 生态环境系统和农业生产系统综合评价指数对比关系及其分类

三个大类		六个亚类	
$E_i^t > F_i^t$	农业生产滞后型	$F_i^t/E_i^t > 0.8$	农业生产比较滞后型
		$0.6 < F_i^t/E_i^t \leq 0.8$	农业生产严重滞后型
		$0 < F_i^t/E_i^t \leq 0.6$	农业生产极度滞后型
$E_i^t < F_i^t$	生态环境滞后型	$E_i^t/F_i^t > 0.8$	生态环境比较滞后型
		$0.6 < E_i^t/F_i^t \leq 0.8$	生态环境严重滞后型
		$0 < E_i^t/F_i^t \leq 0.6$	生态环境极度滞后型
$E_i^t = F_i^t$	生态—农业生产同步型		

对比分析图4-6中的1997—2020年长江经济带生态环境系统综合评价指数和农业生产系统综合评价指数，农业生产系统的"贡献"普遍大于生态环境系统（$E_i^t < F_i^t$），总体上属于生态环境比较滞后型。从整体发展趋势来看，两者均呈现出增长的态势，其中农业生产系统的综合评价指数在后期

---

① 任志远、徐茜、杨忍：《基于耦合模型的陕西省农业生态环境与经济协调发展研究》，《干旱区资源与环境》2011年第12期。

② 刘轶、王倩娜、廖奕晴：《成都都市圈生态与社会经济系统耦合协调动态演化、多情景模拟及其政策启示》，《自然资源学报》2023年第10期。

增长更为迅速。

通过以上生态环境系统与农业生态系统量化关系分析,可以基于宏观角度对长江经济带生态环境系统和农业生产之间的耦合关系进行初步的定性判断。以下为上述模型测算作出的定量实证和分析。由式(4-8)和式(4-9)可知,本章节结合各年度的生态环境系统综合评价指数与农业生产评价指数,得出 1997—2020 年农业生态环境系统与农业生产系统的耦合度和耦合协调度(见表4-5)。

表 4-5　1997—2020 年长江经济带生态环境系统与农业生产系统的
耦合度和耦合协调度

年份	耦合度	耦合协调度	年份	耦合度	耦合协调度
1997	0.584	0.348	2009	0.787	0.620
1998	0.596	0.360	2010	0.793	0.632
1999	0.597	0.360	2011	0.801	0.6431
2000	0.611	0.376	2012	0.802	0.646
2001	0.607	0.372	2013	0.812	0.660
2002	0.615	0.380	2014	0.811	0.660
2003	0.617	0.381	2015	0.789	0.623
2004	0.633	0.403	2016	0.817	0.669
2005	0.707	0.501	2017	0.823	0.678
2006	0.738	0.552	2018	0.858	0.743
2007	0.746	0.567	2019	0.862	0.750
2008	0.750	0.573	2020	0.869	0.762

由表 4-5 可知,1997—2020 年长江经济带生态环境系统与农业生产系统的耦合度均在 0.55 以上,耦合协调度在 0.3—0.8,两者均表现为逐年增长的态势。参考已有研究瓦莱丽(Valerie,1996)[1]和任志远等(2011)[2],结合长江

① Valerie I.,The Penguin Dictionary of Physics,Beijing Foreign Language Press,1996.
② 任志远、徐茜、杨忍:《基于耦合模型的陕西省农业生态环境与经济协调发展研究》,《干旱区资源与环境》2011 年第 12 期。

经济带生态环境系统与农业生产系统的实际情况,本研究对二者耦合度进行比较分析,形成耦合度分布区间及分类标准,见表4-6。由此判断,长江经济带生态环境系统与农业生产系统的耦合关系由1997年的过渡耦合依次转变为中度耦合(1998—2004年)、调和耦合(2005—2015年)、良好耦合(2016—2020年),耦合度指数均超过了平均水平。然而,尽管两个耦合系统的耦合关系表现出色,却无法完全程度上说明两者的协同目标、内容和协调效应的非常契合。有鉴于此,本章节进一步计算耦合协调度,结合表4-1中的耦合协调指数等级划分标准分析,可以发现,长江经济带生态环境系统和农业生产系统的耦合协调程度沿着"轻度失调衰退型(1997—2003年)—濒临失调衰退型(2004年)—勉强协调发展型(2005—2008年)—初级协调发展型(2009—2017年)—中级协调发展型(2018—2020年)"的发展路径演变。总体上,长江经济带生态环境系统和农业生产系统基本实现了自身平稳的发展,两系统间互相促进、相互提升的作用逐渐增强。其可能原因在于,农业生产依靠生态系统提供产品的同时,能维护生态系统,在保持水土、固碳、维护生物多样性、调节局部小气候等多方面存在重要贡献,正向强化农业生产对生态系统的保育价值亦是绿色发展的重要构件,现代农业发展对生态系统促进影响作用日益增强,进而形成稳步上升的耦合协调发展趋势。

表4-6 生态系统与农业生产系统的耦合度的分布区间及分类标准

分布区间	耦合度类型	分布区间	耦合度类型
$0 < C_i^t \leq 0.09$	严重失调	$0.49 < C_i^t \leq 0.59$	过渡耦合
$0.09 < C_i^t \leq 0.19$	临界失调	$0.59 < C_i^t \leq 0.69$	中度耦合
$0.19 < C_i^t \leq 0.29$	勉强耦合	$0.69 < C_i^t \leq 0.79$	调和耦合
$0.29 < C_i^t \leq 0.39$	低度耦合	$0.79 < C_i^t \leq 0.89$	良好耦合
$0.39 < C_i^t \leq 0.49$	初级耦合	$0.89 < C_i^t \leq 1.00$	优质耦合

第五节　推进长江经济带生态环境与农业生产耦合协调发展的对策建议

本章以生态环境系统与农业生产系统为研究对象,选取 1997—2020 年长江经济带 11 省市的面板数据,基于改进的 DSP 理论模型构建耦合协同发展评价指标体系,综合运用熵值法、加权 TOPSIS 法以及耦合协调模型对长江经济带生态环境系统和农业生产系统之间的耦合协同发展状况和协同发展效应进行研究,以期为长江经济带生态系统与农业生产之间的良性互动,推进农业绿色化发展提供经验性证据。本章的主要研究结论如下:

第一,特征性事实分析初步表明,在农业生产方面,长江经济带 11 个省市的粮食总产量和农业总产值逐年增长,农业生产状况良好,整体呈现稳步增长的态势;在生态环境方面,长江经济带地区农业生态环境效率均值达到1.023,整体的农业生产率和生态环境资源产出效率较高。

第二,生态环境系统和农业生产系统发展现状分析表明,1997—2020 年,长江经济带地区的生态环境系统和农业生产系统综合评价指数由"差—中—良"的发展路径演变,并呈现稳步增长的发展趋势。其中,生态环境系统综合评价指数的升高主要依靠响应指标的带动,政府行为作为相关主体行为使生态环境系统综合评价指数得到了有效提升,尤其是增加投资帮助污染治理这一举措拉动了生态环境系统的综合评价指数,有效提升了长江经济带农业生态环境质量。驱动力指标是生态环境系统综合评价指数提升的主导因素,而状态指标和响应指标贡献率的不稳定是导致后期农业生产系统发展增速变缓的重要原因。

第三,生态环境系统和农业生产系统耦合协调发展分析表明,针对耦合度而言,长江经济带生态系统与农业生产系统的耦合关系由"过渡耦合(1997年)—中度耦合(1998—2004 年)—调和耦合(2005—2015 年)—良好耦合

(2016—2020 年）"的发展路径演变，耦合度指数均超过了 0.5；针对耦合协调度而言，长江经济带生态环境系统和农业生产系统的耦合协调程度沿着"轻度失调衰退型（1997—2003 年）—濒临失调衰退型（2004 年）—勉强协调发展型（2005—2008 年）—初级协调发展型（2009—2017 年）—中级协调发展型（2018—2020 年）"的发展路径演变。总体上，长江经济带生态环境系统和农业生产系统在一定程度上实现了自身稳定发展，与此同时，两系统间互相促进、共同提升的作用不断强化。

推进生态环境与农业生产之间耦合协同发展，既是实现国家可持续发展战略的重要举措，更是改善生态环境、扎实推进农业经济增长、建设"两型社会"的急迫需要。作为中国农业主产区之一，长江经济带生态系统与农业生产存在较紧密的耦合关系，尽管协同发展表现尚不突出，但也在逐步向更好的态势进步。通过本章理论与实证分析，未来长江经济带生态系统和农业生产耦合协调度提升应以制度建设保障长江经济带生态系统和农业生产耦合协同发展。

政府行为对长江流域生态系统与农业生产之间的耦合机制更多的是借助法律等规章制度来指导、约束并规范两者协同发展的运作形式。就生态系统与农业生产之间的耦合来说，政府行为要起到有效作用，则其公共产品属性有其客观性和必要性。首先，政府应兼具法律法规和宣传教育，借助法律法规制度建设，营造"两型"农业生产氛围，约束行为主体市场行为，帮助市场机制更有效地起作用，协助农户行动，将生产模式更规范合理化，综合推动耦合系统协同发展。其次，以制度建设为切入点，严密注视市场和农户行为，并在其违背规范时予以干预，情况严重时可借助行政或法律手段进行优化，对损害生态环境的农业生产方式和做法尽量予以摒弃，推动长江经济带生态系统与农业生产系统两者耦合协同发展，保障农业可持续发展、人与自然的长期科学发展。因此，各级地方政府在探索和推进生态系统与农业生产耦合协同发展的过程中，在用科技信息促进发展、用教育宣扬共识的同时，对制度建设在协同发展过程中起到的保障和约束作用予以重视非常有必要,将耦合系统的协同发展纳入制度的约束与控制之中。第一,要加强对生态环境与农业生产耦合协同发展的研究力度,将相关研究进行系统梳理,深化研究进程,打造好耦合系统协同发展的研究平台。第二,应该就生态系统与农业生产的耦合协同发展进行合理规划并制订计划,由于不同地域存在差异,因此计划的提出和举措的落实应该因地而异、因时而异。第三,借助生态系统与农业生产耦合协同发展示范园区建设,推行不同的生态系统与农业生产耦合协同发展模式,以试点带动周边农业生产实践,从而以示范经验促进区域生态系统与农业生产耦合系统的全面协同发展。第四,借助相关法律法规和政策来勉励和约束市场机制以调动行为主体积极性,如此才能有效发挥市场的驱动作用,建立政府推进、市场驱动和农户参与的运作模式。

第五章　绿色发展模式与种植布局优化

　　绿色发展是现代农业发展的内在要求,是生态文明建设的重要组成部分。为实现农业绿色发展,习近平总书记指出,"坚定不移加快转变农业发展方式⋯⋯尽快转到数量质量效益并重、注重提高竞争力、注重农业技术创新、注重可持续的集约发展上来,走产出高效、产品安全、资源节约、环境友好的现代农业发展道路"①,加快形成农业发展新格局。从现实情况来看,当前我国农业生产遇到了成本居高不下和价格瓶颈的双重挤压,唯有转变生产方式,降低农业投入要素成本,优化农产品产出,才能促进农业提质增效与节本增效,进而实现农业绿色发展。因此,优化作为农业生产主要化学投入品之一的化肥的投入和使用,是提升农产品品质、改善资源环境问题、提高资源有效利用的关键。化肥作为粮食的"粮食",是现代科学技术带给农业生产的高效营养物质,其施用对提高粮食作物单产及农产品供给起到了重要的推动作用,对维护粮食安全意义重大。以中国为例,化肥对粮食增产的贡献率达到 56.81%(Yang 和 Lin,2019②)。

　　党的十八大以来,国家高度重视绿色发展,倡导我国农业发展走一条产出

---

① 习近平:《论"三农"工作》,中央文献出版社 2022 年版,第 137 页。
② Yang,J.,Lin,Y.,"Spatiotemporal Evolution and Driving Factors of Fertilizer Reduction Control in Zhejiang Province",Science of The Total Environment,Vol.660,2019.

高效、产品安全、资源节约、环境友好的农业现代化道路,随后,农业农村部将
"产出高效、产品安全、资源节约、环境友好"定义为农业绿色发展的四个子目
标。然而,在农业实践中,农业绿色发展的四个子目标同时达到最优不具备现
实可行性,需要在子目标间进行协调或折中处理,由此获得帕累托最优解集。
不同的目标权重配置可能形成截然不同的发展模式与政策方案。注重资源节
约,是农业绿色发展的基本特征;注重环境友好,是农业绿色发展的内在属性。
农业绿色发展有助于实现环境友好和生态保育的双重目标,因此对于保育流
域生态系统的绿色发展至关重要。生产主义发展模式给予产出高效更高优先
级,于是形成依赖城市与工业拉动的外生型发展;后生产主义发展模式给予环
境友好更高权重比,于是倡导依托本土比较优势的内生型发展。本研究以农
业投入要素中不容忽视的化肥投入这一要素为切入点,突破单纯的外生型或
内生型发展思路,运用计量经济模型和多目标优化模型,模拟不同绿色发展模
式及政策组合的结果,并优化作物种植的规模结构与区位布局,由此揭示衔接
农业安全与生态安全目标的农业绿色发展模式和优化布局方案。

第一节　化肥减量推动农业绿色发展的现状分析与理论逻辑

一、种植业化肥使用时空趋势分析

本研究首先对1983—2021年中国种植业化肥施用的时间趋势与空间分
布进行分析,并以2015年为政策冲击的时间节点,观测其前后化肥施用量的
时空演进特征。

时间维度上:(1)1983—2015年化肥施用量持续增长,且增长率呈现出时
间阶段性,其中,1983—1998年为快速增长期,年均增速为5.83%,1999—
2015年为增速放缓期,年均增速降至2.32%;(2)在2015年达到峰值后,农用

化肥施用量于 2016 年首度出现下降,2016—2021 年较上一年降幅分别为 0.64%、2.09%、3.52%、4.42%、2.83%和 1.13%;(3)施用量的下降主要表现在氮肥、磷肥与钾肥方面,农用复合肥的施用量和占比仍呈持续上升趋势,2021 年(2294.04 万吨)较之于 2015 年(2175.69 万吨)增长 5.44%(见图 5-1)。

(单位:万吨)

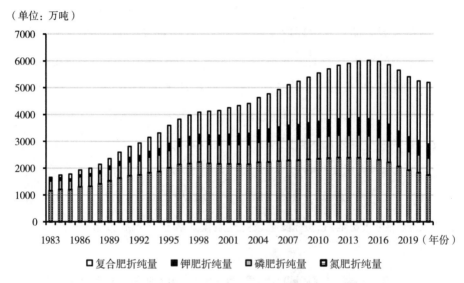

图 5-1　1983—2021 年农用化肥折纯量及其品类构成

资料来源:笔者绘制。

空间维度上:(1)化肥施用量的贡献率表现出区域异质性,1983—2021 年平均贡献率由高到低顺次为黄淮海(33.09%)、长江中下游(21.24%)、东北(11.94%)、华南(11.88%)、西南(11.57%)和西北(10.28%);[①](2)化肥施用量的增长率也呈现出区域分异性,较之于黄淮海、长江中下游和华南地区,东北和西北地区的增长相对迅速;(3)化肥施用重心出现区域转移,以 1999

① 区域划分标准:参照农业农村部颁布的《全国种植业结构调整规划 2016—2020 年》,本研究将种植结构分为六大区域,并根据种植面积所占比例,将出现跨区域的省份按种植面积所占比例一半以上为标准对各区域所包含的省份进行调整,六大区域分别为东北地区、黄淮海地区、长江中下游地区、华南地区、西南地区和西北地区。由于港澳台数据缺失,故略。

年为基期,东北和西北的贡献度持续上升,而黄淮海和长江中下游地区的贡献度呈现下降,华中片区的河南省超越华东片区的山东省,高居全国化肥施用量榜首;(4)2015—2021年,尽管国家政策在着力推进减量化,部分地区化肥施用量呈下降趋势,但化肥施用的空间格局并未发生显著改变(见图5-2)。本研究将试图厘清化肥减量推动农业绿色发展的历史选择逻辑与现实出路反思,阐释农业种植时空结构的变化所隐含的化肥减量潜力与可行的选择策略。

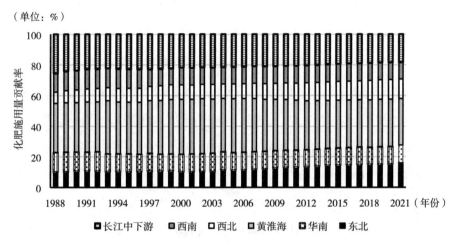

图5-2　1988—2021年施肥贡献度的空间演变

资料来源:笔者绘制。

二、化肥减量推动农业绿色发展的基本逻辑:反思与选择

上述关于化肥施用量在时间和空间维度上的变化趋势均表明,既有的化肥减量努力尚未取得预期成效。因此,需要重新审视化肥减量的逻辑和措施,并挖掘其中隐含的问题。从既有实践来看,中国致力于减少种植业化肥施用量的方式主要包括三种类型,即技术式化肥减量、要素式化肥减量和外生式化肥减量。

(一)技术式化肥减量:肥料与施用方式技术改进

技术式化肥减量主要聚焦于如何通过肥料替代或者施用方式的改进,以达到弱化毒性成分、提升利用率或者降低施用损耗的目标。第一,弱化毒性成分。一方面是用无毒或低毒要素替代高毒要素,降低环境或健康危害程度(如生物质炭基肥替代化肥);另一方面是通过生态圈内部良性循环的构建,实现内部要素间的自发均衡(如农家肥替代化肥)。第二,提升吸收效率(Lu 等,2018①)。高吸收率、低残留率是减量的重要思路。例如,中国大力推广的测土配方肥,就是先检测土壤营养物质状况,再有针对性地配比养料元素。既提高所缺物质的吸收效率,又避免富余物质的无效累积。第三,降低施用损耗。一方面是改进施用工具,以施肥机等机械化工具连续、均匀作业,避免人工重复喷施以及地形限制等因素造成的损耗;另一方面是改进施用措施,通过叶面施肥、湿润施肥、化肥深施、化肥缓释等替代表面撒施方式,改善化肥施用效率。

事实上,即便是中国的种粮大省黑龙江,在 2016—2017 年应用测土配方肥、缓释肥、生物肥等新型肥料及水肥一体化面积也仅为 91.7 万亩,占其耕地(2.39 亿亩)总面积的比例不足 4‰(刘伟林,2017②)。技术式化肥减量隐含的问题在于:其一,肥料毒性成分的降低、吸收效率的提升或者是施用损耗的降低,都并非可以被直观感知的,需要基于精密仪器的检测与实验才能准确判断。中国普遍存在的小规模农业经营户,并不具备甄别肥料或施肥技术改进的工具条件和知识储备,其生产决策往往具有明显的风险规避和简化交易倾向,从而使得以提高吸收效率为指向的技术采纳率明显偏低(Mao 等,2019③)。其二,新

① Lu,Y.L.,Kang,T.T.,Gao,J.B.,Chen,Z.J.,Zhou,J.B.,"Reducing Nitrogen Fertilization of Intensive Kiwifruit Orchards Decreases Nitrate Accumulation in Soil without Compromising Crop Production",Journal of Integrative Agriculture,Vol.17,No.6,2018.
② 刘伟林:《黑龙江:开展"质量兴农护绿增绿"专项行动》,《中国食品》2017 年第 14 期。
③ Mao,H.,Zhou,L.,Ifft,J.,Ying,R.,"Risk Preferences,Production Contracts and Technology Adoption by Broiler Farmers in China",China Economic Review,Vol.54,2019.

肥料或者新施肥模式的采纳,都需要打破农户传统的耕作理念与方式。然而农户的耕作经验是经由家庭世代沿袭和传承,通常表现出极强的行为惯性特征。若不具备强烈的行为动机诱导,任何对其进行变革的努力都难以奏效或不可持续。其三,技术式减量逻辑侧重于技术或工具的研发,而忽视如何将改进的技术或工具在农户中进行推广,从而造成技术的适用对象不明确。对技术受众农户而言,不同的技术或工具隐含着不同的采纳门槛或者要素匹配要求。

(二)要素式化肥减量:劳动力要素流动与土地规模经营

劳动力和土地是种植业发展的核心投入要素,所以改善投入要素配置也是化肥减量的重要策略。已有针对劳动力和土地投入要素对化肥施用量的讨论主要表现为:第一,围绕劳动力要素的讨论主要包括两个方面,一是劳动力个体特征(如性别、年龄、受教育程度等)及其心理构件(如态度、主观规范和知觉行为控制等)对化肥施用量的影响,其中研究者普遍认为技术信息传播(如技术培训、示范推广等)可以激发农户对减量新要素或新技术的积极态度继而产生采纳行为;二是劳动力所处的家庭特征(如要素禀赋、社会资本和兼业状况等)的影响,其中农业劳动力非农转移造成的大量土地闲置,被认为可能激励土地要素交易市场发育,从而促进土地规模经营以获得减量的规模经济性。第二,围绕土地要素的讨论认为,土地产权的稳定可能激发出农户的长期投资行为,降低化肥的用量以维系土壤肥力的可持续;类似地,地权稳定也可能促进土地要素交易市场发育,具备农业经营能力的农户可以由此实现土地的流转与集中,获得化肥减量的规模经济性(Lu 等,2018[①])。

要素式化肥减量隐含的问题在于:其一,农业劳动力的非农转移或者农地

---

① Lu,Y.L.,Kang,T.T.,Gao,J.B.,Chen,Z.J.,Zhou,J.B.,"Reducing Nitrogen Fertilization of Intensive Kiwifruit Orchards Decreases Nitrate Accumulation in Soil without Compromising Crop Production",Journal of Integrative Agriculture,Vol.17,No.6,2018.

经营权的确权颁证在短期内,并不必然引发预期的土地流转集中与农业规模经营。从中国农业发展历史来看,1996 年经营土地规模在 10 亩以下的农户占家庭承包户总数的 76.0%,2018 年的比重则高达 85.2%。[①] 与小规模相伴随的,是土地的细碎化。2018 年对湖北省 1752 户稻农的随机抽样表明,平均经营规模高达 176.4 亩的农业经营主体,其平均地块数也高达 44.4 块。可见,中小规模、细碎化的农地经营格局并未发生根本性改观。其二,关注劳动力非农转移与农地经营规模对农业减量化影响的研究,均未形成一致性结论。劳动力方面,有研究指出,农村留守劳动力的老龄化和妇女化倾向造成农业劳动力匮乏,从而激发出农户的短期行为,通过增加化学品用量以弥补劳动力短板成为重要策略;也有研究认为,兼业农户的农业经营旨在满足家庭成员的消费需求,所以有可能减少化学品施用量,以避免家人化学品摄入的健康危害。土地方面,部分研究认为,农地经营规模与化学投入品施用量呈现显著的负向相关性(Wu 等,2018[②]);也有研究表明,二者间的关系可能并非线性的,当农地经营规模超过一定阈值时,化肥施用量改善幅度随着农地规模扩张呈逐级递减趋势。

(三)外生式化肥减量:政策性补贴激励与绿色需求引导

在农业生产系统之外,两类主体可能影响农户的要素投入决策,即掌握行政权力的政府和决定市场容量的消费者。第一,政府推动策略。鉴于减量行为的显著外部性特征,遵循庇古传统,政府被认为是减量的主要责任主体,既

[①] 农业农村部农村经济研究中心、全国农村固定观察点办公室编:《全国农村固定观察点调查数据汇编(2016—2020 年)》,中国农业出版社 2023 年版;农业农村部农村合作经济指导司、农业农村部政策与改革司编:《中国农村经营管理统计年报(2018 年)》,中国农业出版社 2019 年版。

[②] Wu,Y.,Xi,X.,Tang,X.,Luo,D.,Gu,B.,Lam,S.K……Chen,D.,"Policy Distortions, Farm Size, and the Overuse of Agricultural Chemicals in China",Proceedings of the National Academy of Sciences,Vol.115,No.27,2018.

有减量政策也多以补贴为主要手段,以促进各类农业经营主体的减量行为响应。例如,农业农村部统计数据表明,2015 年中国财政部门补助 6.94 亿元用于支持测土配方肥的推广使用,其涉及的补贴项目覆盖全国 67 万个村的 1.63 亿农户以及 1642 家农企合作企业。第二,市场拉动策略。虽然化肥减量具有外部性特征,尤其是通过绿色或有机的生产导向,能够在消费市场获得高质量农产品的价格溢价,从而诱导外部性问题内部化。据此,通过绿色消费市场的培育,生成足够规模的绿色或有机农产品市场容量,然后激励农业生产者采纳减量生产模式,也成为减量的重要思路。

外生式化肥减量隐含的问题在于:其一,甄别补贴对象并确定恰当的补贴标准往往是困难的,政府对此可能需要支付高昂的信息成本,且政府干预情形下容易滋生寻租行为,亦可能产生额外监督成本,从而形成政府资源配置的效率障碍(Chen 等,2017[①])。其二,从行为结果来看,仅当补贴后的新要素采购成本低于传统要素时,农户采纳行为才会发生改变(Mason 等,2017[②]),而一旦补贴刺激消失后,小农户的可持续性行为将受到挑战,既表现出行为响应的依赖性,也表现出行为改变的短期性。其三,中国针对农产品品质的市场甄别与监管机制尚未健全,在不完全市场条件下容易引致道德风险,导致生产者化肥施用的"一家两制"现象(即供给家庭消费的部分土地施用有机肥,用于出售的部分土地则多施化肥以保证产量)和漂绿行为(即虚假宣称采用有机肥生产以获得有机产品的高附加价值)普遍存在(Zhang 等,2018[③])。

如前所述,自我国 2015 年化肥减量政策颁布以来,基于技术式化肥减量、

①　Chen,Y.H.,Wen,X.W.,Wang,B.,Nie,P.Y.,"Agricultural Pollution and Regulation:How to Subsidize Agriculture?",Journal of Cleaner Production,Vol.164,2017.

②　Mason,N.M.,Jayne,T.S.,Van De Walle,N.,"The Political Economy of Fertilizer Subsidy Programs in Africa:Evidence from Zambia",American Journal of Agricultural Economics,Vol.99,No.3,2017.

③　Zhang,L.,Yan,C.,Guo,Q.,Zhang,J.,Ruiz-Menjivar,J.,"The Impact of Agricultural Chemical Inputs on the Environment:Global Evidence from Informetrics Analysis and Visualization",International Journal of Low-Carbon Technologies,Vol.13,No.4,2018.

要素式化肥减量和外生式化肥减量"三管齐下"的努力，使得农业化肥施用量持续增长的局面得以扭转。然而，2016—2018 年农业化肥施用量分别较上一年降幅也仅为 0.64%、2.09% 和 3.52%，2019—2021 年农业化肥施用量分别较上一年降幅为 4.42%、2.83% 和 1.13%，且三大减量策略均包含现阶段难以克服的实施障碍。

（四）作物品种结构与区域结构的协调：化肥减量的匹配策略

重新审视化肥施用量的决定因素不难发现，化肥施用本质是弥补土壤养分元素的缺失，满足作物健康生长的需求。所以化肥施用量天然由作物品种及其区位布局决定，即与所种植的作物类型和种植区域的土壤、灌溉和气候等环境特征因素紧密相关。

第一，通过作物品种结构的调整减量。品种结构的调整一方面表现为低施肥需求品种对高施肥需求品种的替代。因为作物的养分元素需求不同，造成肥料需求量存在差异，所以在维持农产品供需均衡的情形下可以采用品种替代的方式降低化肥施用量（Mi 等，2017[①]）；另一方面表现为不同品种的轮作或者套种，因为作物和土壤之间存在着物质交换和能量流动，作物需要通过根系从土壤中获得生长所需的养分元素，而植物残体和根系脱落物也是土壤有机质的重要来源，所以利用不同作物间可能存在的养分互补关系进行轮作或者套种，也能够实现化肥减量（Wang 等，2019[②]）。

第二，通过作物区域结构的调整减量。考虑不同地区的土壤、灌溉和气候条件存在差异性，同种作物在不同地区种植时，需要补充的养分元素类型和数

[①] Mi, W., Zheng, S., Yang, X., Wu, L., Liu, Y., Chen, J., "Comparison of Yield and Nitrogen Use Efficiency of Different Types of Nitrogen Fertilizers for Different Rice Cropping Systems under Subtropical Monsoon Climate in China", European Journal of Agronomy, Vol.90, 2017.

[②] Wang, S., Yang, L., Su, M., Ma, X., Sun, Y., Yang, M···Liu, X., "Increasing the Agricultural, Environmental and Economic Benefits of Farming Based on Suitable Crop Rotations and Optimum Fertilizer Applications", Field Crops Research, Vol.240, 2019.

量均可能存在差异。所以若能根据地区自然资源和环境状况,因地制宜地选择恰当的品种开展种植活动,则也有可能降低化肥施用量。

应该注意的是,单纯通过品种结构调整减量隐含的问题在于,作物的品种决策是多要素共同作用的结果。从短期来看,保障农产品的供应安全依然是决策的重要约束项,特别是在当前全球公共安全事件频发的背景下,提升粮食等关键农产品的自给率被赋予了更高的权重,单纯通过品种调整减量可能导致农产品供给的结构性偏差,减量空间相对有限(Qi 和 Dang,2018①)。而单纯通过作物区域种植结构调整减量隐含的问题在于两方面,一方面,区域自然环境的承载力相对有限,而粮食等作物的需求则数量庞大,若完全遵循比较优势原则,可能存在部分农产品需求超出区域环境承载力的情形,并由此造成环境的破坏或者资源的耗竭;另一方面,蔬菜和水果的保鲜周期相对较短,若完全遵循比较优势原则,距离产地相对较远的市场需求,难以得到高品质的农产品供应保障。

可见,充分考虑农产品供需关系和区域自然承载力,实现作物品种结构和区域布局结构的匹配,才能够有望缓解单一品种调整视角或者单一区域调整视角减量所隐含的弊端。为此,本研究构建起"品种结构—区域结构—化肥施用"的分析框架,探究围绕品种和区域的作物结构演变的化肥施用及其减量效应。

第二节 作物品种结构与化肥施用量的特征性事实分析

本研究对于农业种植结构的分析重点关注粮食作物、经济作物和园艺作物。考虑到化肥种类繁多,农户购买及使用质量参差不齐,本研究选择化肥折

---

① Qi, X., Dang, H., "Addressing the Dual Challenges of Food Security and Environmental Sustainability during Rural Livelihood Transitions in China", Land Use Policy, Vol.77, 2018.

纯后的投入量表示化肥投入量。为进一步识别结构变迁的化肥减量效应和减量空间,本研究分别将各省区单位面积化肥施用折纯量作为化肥施用强度的代理变量,将农用化肥施用折纯总量作为化肥施用总量(即各种作物化肥施用强度与播种面积的乘积)。本研究数据主要来源于《中国农村统计年鉴》、《中国统计年鉴》、各省/市/自治区统计年鉴和《全国农产品成本收益资料汇编》。考虑到数据可获性,本研究数据选取范围不包括香港、澳门和台湾地区。对于个别缺失数据,本研究采用移动平均法进行填补。同时,为消除异方差影响,本研究对所有变量进行对数转化。此外,本研究进一步考察空间布局影响下的化肥减量效应与减量空间,对研究区域进行空间划分。具体地,根据农业农村部颁布的《全国种植业结构调整规划(2016—2020)》,将种植结构分为六大区域,并根据种植面积所占比例,将出现跨区域的省份按照种植面积所占比例一半以上为标准对各区域所包含的省份进行调整,分别为东北地区、黄淮海地区、长江中下游地区、华南地区、西南地区和西北地区。为进一步考察种植结构对化肥减量的影响,本研究借鉴栾江等(2013)①的做法,对种植结构的度量按照作物类型进行划分:将所有作物划分为粮食作物(稻谷、小麦、玉米、大豆)、经济作物(油料、棉花、麻类、薯类、甘蔗、甜菜、烤烟)和园艺作物(蔬菜、茶、水果)三大类。

一、作物品种结构与化肥施用量

不同品种作物的养分需求不同,甚至同种作物在不同生长阶段的养分需求也不同,因此其化肥施用的总量和结构存在差异。根据作物播种面积选择各类作物中的代表性品种进行比较发现:

第一,粮食作物的化肥施用量。在粮食作物中,水稻、小麦、玉米和大豆的施肥量分别为 344.40 千克/公顷、432.00 千克/公顷、372.90 千克/公顷和

---

① 栾江、仇焕广、井月、廖绍攀、韩炜:《我国化肥施用量持续增长的原因分解及趋势预测》,《自然资源学报》2013 年第 11 期。

128.10千克/公顷;水稻种植的氮肥折纯量、磷肥折纯量、钾肥折纯量以及复合肥折纯量占总化肥施用量的比重为28.83%、1.48%、4.62%、65.07%,小麦的四种化肥占比为26.98%、0.63%、0.03%、72.40%,玉米分别为24.90%、0.80%、0.80%、73.45%;大豆分别为10.89%、0.94%、5.74%、82.44%(见表5-1)。这表明,就作物品种而言,粮食作物施肥量由高到低顺次为小麦、玉米、水稻和大豆;就肥料类型而言,粮食作物的复合肥和氮肥用量最高,磷肥和钾肥用量较低。

第二,经济作物的化肥施用量。棉花的化肥施用量为622.05千克/公顷,其中,氮肥折纯量、磷肥折纯量、钾肥折纯量以及复合肥折纯量占总化肥施用量的比重分别为37.45%、1.30%、4.29%以及56.88%。甘蔗、甜菜等主要糖料作物的化肥施用量分别为714.60千克/公顷、474.00千克/公顷,两类作物的前述四种化肥施用量占总化肥施用量的比例均值为32.03%、3.32%、8.48%和56.17%;花生与油菜籽等主要油料作物的化肥施用量分别为328.20千克/公顷和251.85千克/公顷,其中四种化肥的占比均值为20.43%、4.37%、1.40%以及73.75%;烤烟和晾晒烟等特种作物的化肥施用量分别为514.95千克/公顷和662.25千克/公顷,其中四种化肥的占比均值为9.39%、3.96%、16.55%以及70.12%(见表5-1)。可见,糖料、棉花和特种作物的化肥施用量较高,油料作物相对较低;棉花和油料作物的复合肥使用占比最大,特种作物的钾肥使用占比最高,而糖料作物的氮肥和磷肥的使用占比最高。

第三,园艺作物的化肥施用量。蔬菜化肥施用量为716.10千克/公顷,其中,氮肥折纯量、磷肥折纯量、钾肥折纯量以及复合肥折纯量占总化肥施用量的比重为20.51%、1.80%、4.13%以及73.57%。水果方面,苹果、柑子和桔子化肥施用量分别为758.25千克/公顷、642.60千克/公顷和1155.15千克/公顷。就具体肥料类型而言,三类水果均为复合肥用量最高,分别占其肥料总用量的84.35%、96.20%和89.21%;用量次高的为氮肥,分别占比12.66%、3.22%和2.80%;磷肥和钾肥的用量则相对较低。值得注意的是,桔的钾肥和磷肥占比均比氮肥占比高。

　　综上,在肥料用量方面,粮食作物中的大豆和经济作物中的油料作物化肥施用量较低,除此之外,单位面积化肥施用量从高到低顺次为园艺作物、经济作物和粮食作物。在肥料构成方面,单位面积化肥施用量以复合肥最高,氮肥次之,磷肥和钾肥用量最低;粮食作物、经济作物种植以氮肥和复合肥为主,园艺作物种植以复合肥为主。可见,不同作物类型的化肥施用总量存在明显差异,复合肥在各类作物的种植中均为用量最高的肥料类型。

表 5-1　2021 年主要农作物化肥施用情况　　(单位:千克/公顷)

作物类型	化肥	氮肥	磷肥	钾肥	复混肥
稻谷	344.40	99.30	5.10	15.90	224.10
小麦	432.00	116.55	2.70	0.15	312.75
玉米	372.90	92.85	3.00	3.00	273.90
大豆	128.10	13.95	1.20	7.35	105.60
花生	328.20	40.20	16.35	5.10	266.55
油菜籽	251.85	78.30	9.00	3.00	161.25
棉花	622.05	232.95	8.10	26.70	353.85
烤烟	514.95	6.60	17.40	105.90	385.35
晾晒烟	662.5	103.95	29.25	88.95	440.10
甘蔗	714.60	283.20	39.45	71.85	319.95
甜菜	474.00	97.50	—	28.95	347.70
苹果	758.25	96.00	4.35	18.60	639.60
柑	642.60	20.70	1.05	2.70	618.15
桔	1155.15	32.40	33.75	58.20	1030.50
平均	716.10	146.85	12.90	29.55	526.80

资料来源:表中数据来自《全国农产品成本收益资料汇编 2022》,且均为折纯量。

二、作物布局结构与化肥施用量的空间相关性分析

　　本研究采用空间自相关检验分别检验化肥施用量和种植结构是否存在空间相关性,在空间权重设定方面,分别考察了地理邻接矩阵和地理距离矩阵。

结果表明,除个别年份以外,不管是邻接矩阵还是距离矩阵下测算的 1988—2021 年的 Moran's I 指数运算结果均显著大于 0,表明化肥施用量和种植结构均具有较强的空间相关性。值得注意的是,随着时间的变动,种植结构的空间相关性在不断增强,化肥施用量的空间相关性在不断减弱,邻接矩阵计算而得的相关性略高于距离矩阵。从时间趋势上来看,化肥施用量的空间相关性随时间变动呈现先下降、后上升继而持续下降的特征;相比之下,种植结构的空间相关性呈现先上升、后下降,继而上升的趋势(见图 5-3)。

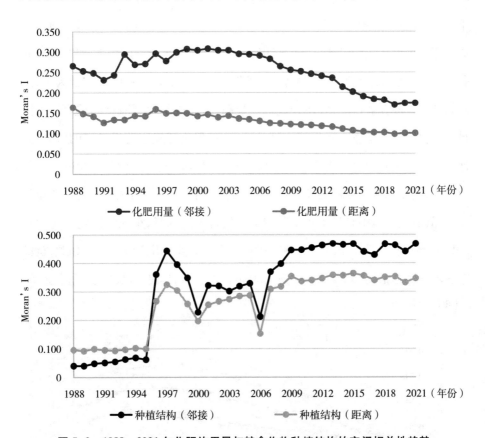

图 5-3　1988—2021 年化肥施用量与粮食作物种植结构的空间相关性趋势

注:化肥施用量(邻接)和化肥施用量(距离)分别表示按照邻接权重矩阵和地理距离权重矩阵计算各年化肥施用量的 Moran's I 指数值;种植结构(邻接)和种植结构(距离)分别表示按照邻接权重矩阵和地理距离权重矩阵计算各年种植结构的 Moran's I 指数值。

三、代表性作物产区的化肥施用量的时序演变分析

进一步对 1988—2021 年中国农产品化肥施用强度和化肥施用量的时间演变趋势进行刻画,结果见图 5-4。就六大作物种植功能区而言,各功能区在化肥施用强度上存在较大差异,其中,华南地区和黄淮海地区化肥施用强度最高,且华南地区化肥施用量 2006 年后稳步超过黄淮海地区,成为化肥施用强度最大的地区,在 2017 年,该区域化肥施用强度明显下降。相比之下,西南地区、东北地区和长江中下游地区化肥施用变动较为缓慢。从变动幅度上来看,西北地区与华南地区化肥施用强度增幅较为显著。各区域相继于 2012 年出现化肥施用强度拐点,至此化肥施用强度相继出现下降趋势,其中华南地区化肥施用强度下降最为明显。尽管如此,华南地区化肥施用强度仍然最高,因此也是化肥减量的重要管理区域。从化肥施用总量上来看,黄淮海地区是我国化肥施用总量最高的区域,其次为长江中下游地区。长江中下游地区于 2013 年率先出现化肥总量变动的拐点,随后其化肥施用总量逐步下降,黄淮海区域于 2016 年出现化肥施用总量的拐点,其后化肥施用总量出现下降趋势。值得关注的是,东北地区化肥施用量 2017 年出现拐点后呈下降趋势,在 2021 年进一步呈上升态势。尽管如此,黄淮海区域化肥总量仍位于六大作物种植功能区的首位,也是化肥减量的重点区域。

（单位：吨/公顷）

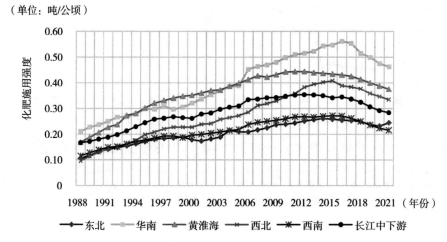

（单位：万吨）

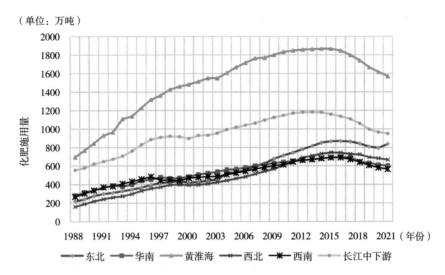

图 5-4　六大作物种植功能区化肥施用强度与化肥施用量的时序变化

第三节　种植布局优化推动化肥减量的模型构建

一、种植结构对化肥施用的影响因素模型

为考察种植结构及其空间布局对化肥施用强度的影响，本研究借鉴迪茨、罗莎（Dietz，Rosa，1997）① 提出的 STIRPAT 模型（Stochastic Impacts by Regression on Population，Affluence and Technology，STIRPAT），构建种植结构变迁的减量效应估计模型。该模型认为，导致环境压力变化的主要原因可分为人口规模、富裕程度和技术进步等因素。由于 STIRPAT 模型允许各因素非线性变化，且允许对模型进行拓展，因此在社会环境关系问题方面得到了广泛应用。参考李秋生等（2019）② ，本研究认为，从农业绿色发展的角度来看，化

---

① Dietz，T.，Rosa，E.A.，"Effects of Population and Affluence on CO2 Emissions"，Proceedings of the National Academy of Sciences，Vol.94，No.1，1997.

② 李秋生、李大胜：《绿色发展背景下中国化肥施用强度下降的驱动因素研究——基于空间面板数据模型的分析》，《农林经济管理学报》2019 年第 4 期。

肥施用强度主要表现为一种环境影响压力,其影响因素主要包括结构因素、人口规模因素、富裕程度因素和技术因素等。本研究重点考察种植结构变化的影响,并参照伍骏骞等(2017)①,选取人口规模因素、富裕程度因素和技术因素等作为主要控制变量。

(一)种植结构因素

不同农作物养分需求不同,导致化肥施用量必然存在差异,经上述分析可以得出,从化肥施用强度视角来看,粮食作物的化肥施用强度要明显低于园艺作物和经济作物。已有研究表明,尽管园艺作物和经济作物的收益要高于粮食作物,但其化肥施用强度明显高于粮食作物、有效利用率显著低于粮食作物,因而对环境造成的负面影响要大于粮食作物。据此判断,非粮作物种植比例的上升会增加化肥施用量。鉴于此,本研究主要从农作物种植结构角度入手,重点考察种植结构对化肥施用量的影响。具体地,本研究采用粮食作物种植面积占总播种面积的比重测度种植结构。

(二)人口要素

人口因素对化肥施用量的影响主要围绕农业生产和食物消费两方面展开。农业生产层面,从事农业活动的聚集度越高,化肥使用量越多,对环境造成的压力越大。在测度指标选取方面,农村人口数量和乡村人口密度被广泛用于测度农业劳动力投入。同时,随着农业劳动力的城镇化转移与农业劳动力机会成本的持续升高,农民可能更倾向于多施化肥,以实现物质资本对劳动力的替代。为控制劳动力转移对化肥施用量的影响,本研究采用城乡收入差距度量农村劳动力转移,采用城镇居民可支配收入与农村居民可支配收入之比作为城乡收入差距的代理变量。食物消费需求层面,已有研究发现,人口增

---

① 伍骏骞、方师乐、李谷成、徐广彤:《中国农业机械化发展水平对粮食产量的空间溢出效应分析——基于跨区作业的视角》,《中国农村经济》2017 年第 6 卷。

长速度与化肥增长速度呈现出一致性特征,由此认为人口增长带来的食物消费需求增加是化肥施用量增长的重要动因。因此,本研究进一步考察食物消费视角下的化肥需求量对化肥施用的影响,采用年末总人口数测度人口规模变化所需的化肥需求量。

(三)富裕程度因素

STIRPAT 模型中对富裕程度的测度通常采用经济发展水平进行测度。一方面,某一地区人均 GDP 可反映该地区的经济发展水平,而不同经济发展水平的地区具有差异化的农业技术水平及土地生产经营方式,进而对区域内农业种植结构和农民环境保护意识等产生影响,从而直接或间接地影响农户化肥施用(Lu 等,2018①);另一方面,随着农业经济规模的不断扩大,需要消耗更多的农业投入要素,继而产生更多的农业面源污染物。因此,本书采用农村居民家庭人均可支配收入作为地区富裕程度的代理变量。

(四)技术进步因素

在保障粮食安全的前提下,实现化肥零增长目标的关键在于依靠技术进步提高化肥利用效率、降低化肥施用强度,进而降低或减少化肥施用量。已有研究对农业技术进步因素的测度主要围绕农业技术推广、农业全要素生产率以及农业结构等方面进行衡量(Adom and Adams,2020②)。考虑到本研究重点考察化肥施用的影响因素,因此,借鉴史常亮等(2016)③的做法,主要从产

---

① Lu,Y.L.,Kang,T.T.,Gao,J.B.,Chen,Z.J.,Zhou,J.B.,"Reducing Nitrogen Fertilization of Intensive Kiwifruit Orchards Decreases Nitrate Accumulation in Soil without Compromising Crop Production",Journal of Integrative Agriculture,Vol.17,No.6,2018.

② Adom,P.K.,Adams,S.,"Decomposition of Technical Efficiency in Agricultural Production in Africa into Transient and Persistent Technical Efficiency under Heterogeneous Technologies",World Development,Vol.129,No.2,2020.

③ 史常亮、李赟、朱俊峰:《劳动力转移,化肥过度使用与面源污染》,《中国农业大学学报》2016 年第 21 卷。

业结构和技术水平角度衡量技术进步因素对化肥施用量的影响,即分别采用产业结构中农业比重以及单位农业生产所需化肥消费强度的倒数进行测度。

基于上述理论分析,本研究构建了初步的不含空间变量的计量模型：

$$\ln Fer_{it} = \alpha_0 + \alpha_1 \ln Pstructure_{it} + \alpha_2 \ln Popu_{it} + \alpha_3 \ln Econ_{it} + \alpha_4 \ln Tech_{it} + \mu_{it}$$

$$(5-1)$$

式(5-1)中,Fer_{it}为i地区t时间化肥施用量,$Pstructure_{it}$为种植业结构,$Popu_{it}$为i地区t时间农村人口密度,$Econ_{it}$为i地区t时间富裕程度,$Tech_{it}$为i地区t时间农业技术水平,$Agrp_{it}$为农业比重,μ为随机扰动项(含未观测到的其他影响因素)。此外,为了消除价格因素的影响,各地区生产总值均以1978年为基期,采用居民消费价格指数(CPI)对样本数据中受价格波动的指标进行指数平减。

由前述关于化肥投入与种植结构的空间相关性分析结果表明,我国化肥投入量呈现出显著正空间相关性,即呈现出地理位置上的空间集聚。已有研究表明,中部区和粮食主产区化肥投入量空间溢出效应最为显著,也是降低化肥投入量的重点关注区域。因此,本研究进一步考察空间布局因素对化肥施用的影响,引入空间权重构建的空间计量模型,定量测算考虑空间因素的情况下,作物种植结构对化肥施用的影响。具体地,本研究将空间滞后项引入计量模型,构建空间 Durbin 模型,该模型一方面无论是真实的数据生成过程还是空间滞后形式抑或是空间误差形式,都能保证系数的无偏估计,另一方面对潜在的空间溢出效应的规模没有提前施加任何限制,能够较好地捕捉空间溢出效应(Elhorst,2010[①];伍骏骞等,2017[②])。本研究构建的空间 Durbin 模型的基本表达式如下：

---

① Elhorst,J.P.,"Applied Spatial Econometrics：Raising the Bar", Spatial Economic Analysis, Vol.5,No.1,2010.

② 伍骏骞、方师乐、李谷成、徐广彤：《中国农业机械化发展水平对粮食产量的空间溢出效应分析——基于跨区作业的视角》,《中国农村经济》2017 年第 6 卷。

$$\ln Fer_{it} = \alpha_0 + \delta W * \ln Fer_{it} + \alpha_1 \ln Pstructure_{it} + \alpha_2 \ln Popu_{it} + \alpha_3 \ln Econ_{it}$$
$$+ \alpha_4 \ln Tech_{it} + \beta_1 W * \ln Pstructure_{it} + \beta_2 W * \ln Popu_{it} + \beta_3 W * \ln Econ_{it}$$
$$+ \beta_4 W * \ln Tech_{it} + \mu_i + \gamma_t + \varepsilon_{it} \tag{5-2}$$

式(5-2)中 W 表示空间权重向量,其他变量含义同式(5-1)。在表征空间权重的矩阵选择方面,考虑化肥投入量的相互影响主要表现在邻近区域,如地理相邻或相近,因此本研究构建的空间权重矩阵采用邻接矩阵作为代理,并采用空间距离矩阵作为稳健性检验变量。本研究采用邻接标准衡量两区域的相邻关系,即当区域 i 与区域 j 相邻时,空间权重取值为 1,否则为 0。本研究对作物种植结构的测量采用作物种植面积占所有作物类型种植面积的百分比表示。在确定化肥投入量存在空间溢出效应的基础上,进一步采用空间计量模型考察化肥投入量在各区域间的具体影响。本书构建的化肥施用影响因素模型中各指标的选取见表5-2。

表 5-2　作物种植结构对化肥施用影响模型的指标选取

	变量名称	变量代码	指标说明
因变量	化肥施肥量	Y_Fertotal	化肥施用折纯量(万吨)
自变量	种植结构	X_Pstructure	粮食作物播种面积占总播种面积的比例(%)
	人口因素	X_labor	劳动力因素:采用城乡收入差距测度农业劳动力转移
		X_Demand	化肥需求量:总人口数
	富裕程度	X_Purchase	农村居民家庭人均可支配收入(元)
	技术因素	X_industrystructure	产业结构中农业产值占比(%)
		X_tech	农业技术水平:化肥消费强度的倒数度量技术水平

二、作物布局与化肥减量的优化模型

在上述定量分析化肥施用量与作物布局关系的基础上,本研究进一步采用目标规划的分析方法,探索满足粮食安全目标的约束下,实现生态安全的作物种植结构最优化,进而从供给侧改革角度,基于作物种植结构调整,探索化肥减量的新逻辑。本研究采用化肥施用量作为生态安全的代理变量。具体地,粮食安全维度,主要考虑以下约束:第一,粮食安全目标,按照国家粮食安全标准每年不少于 400 千克/人;第二,消费结构升级目标,随着经济发展与人民生活水平的提高,消费者对农产品的需求由"吃得饱"向"吃得好、吃得全、吃得更加健康"的方向转型,因此考虑主要农作物满足人口基本营养需求的目标,结合《"十四五"全国种植业发展规划》中提出的种植规划目标,从"谷物基本自给、口粮绝对安全"方面,满足大豆、油料、蔬菜等供求现状。在约束条件设置方面,本研究分别从全国主要作物总种植目标,六大区域种植目标和各省份种植目标,设置满足人民基本生活需求的作物产量和种植面积。其中,全国主要作物总种植目标和六大区域种植目标约束来自《"十四五"全国种植业发展规划》,各省主要农作物种植目标约束来自各省份"十四五规划"关于种植业发展的目标规划。

(一)目标函数设定

本研究以农业生态安全为目标,构建如式(5-3)的目标函数:

$$minF(x) = \sum_{i}^{31} \sum_{j}^{10} x_{ij}f_{ij} \qquad (5-3)$$

式(5-3)中,$F(x)$ 为作物的化肥使用总量(千克);x_{ij} 为第 i 个省份第 j 种作物种植面积(公顷);f_{ij} 为第 i 个省份第 j 种作物种植的单位面积的化肥施用量(千克/公顷)。

(二)约束条件设定

本研究对约束条件的设定主要分为三个层面,分别从各省、六大种植区域和全国三个层面,考虑粮食安全约束和种植面积约束,设置化肥减量的约束条件,具体如下:

对分省粮食综合生产力约束,主要参照各省份国民经济和社会发展第十四个五年规划和二〇三五年远景目标纲要及十四五种植业规划等政策文件内容,设定各省份粮食综合生产力约束:

$$x_{i1}q_{i1} + x_{i2}q_{i2} + x_{i3}q_{i3} \geqslant A\min_i \tag{5-4}$$

式(5-4)中:x_{i1},x_{i2},x_{i3} 为分别表示第 i 省三大主粮:小麦、玉米和水稻的种植面积(公顷);q_{i1},q_{i2},q_{i3} 为分别表示第 i 省三大主粮:小麦、玉米和水稻的单位产量(千克/公顷);$A\min_i$ 表示第 i 省三大主粮——小麦、玉米和水稻的最小产量(千克)。

粮食安全约束(国家粮食安全标准为每年不少于 400 千克/人):

$$\sum_i^{31} x_{i1}q_{i1} + x_{i2}q_{i2} + x_{i3}q_{i3} \geqslant 400P \tag{5-5}$$

式(5-5)中:x_{i1},x_{i2},x_{i3} 分别表示第 i 省三大主粮:小麦、玉米和水稻的种植面积(公顷);q_{i1},q_{i2},q_{i3} 分别表示第 i 省三大主粮:小麦、玉米和水稻的单位产量(千克/公顷);P 为表示全国人口总数。

分区域种植面积约束:

$$SA_{kj}(1+a) \geqslant X_{kj} \geqslant SA_{kj}(1-b) \tag{5-6}$$

式(5-6)中:X_{kj} 为表示第 k 个区域第 j 种作物的种植总面积(公顷)($k = 1,2,3,4,5,6$,$X_{1j} = \sum_{i=1,13,14,17,24,31} x_{ij}$,$X_{2j} = \sum_{i=2,10,12,16,23,27} x_{ij}$,$X_{3j} = \sum_{i=3,8,26,29,30} x_{ij}$,$X_{4j} = \sum_{i=4,6,7,9} x_{ij}$,$X_{5j} = \sum_{i=5,20,21,22,25,28} x_{ij}$,$X_{6j} = \sum_{i=11,15,18,19} x_{ij}$);$SA_{kj}$ 为表示 2021 年第 k 个区域第 j 种作物的种植总面积(公顷);a,b 为表示浮动因子,其中 a 代表上浮因子,b 代表下浮因子(根据全国农作物种植调整规划,当作物种植面积要求是增长时 $b = 0$,当作物种植面积要求是下降时 $a = 0$,当作物种植面积要求是稳定或无要求时 $a = b$)。

种植面积约束:

$$A_{ij}(1+a) \geqslant x_{ij} \geqslant A_{ij}(1-b) \tag{5-7}$$

式(5-7)中：x_{ij}表示第i省第j种作物的种植面积(公顷)；A_{ij}为表示2021年第i省第j种作物的种植面积(公顷)；a，b表示浮动因子，其中a代表上浮因子，b代表下浮因子(根据全国农作物种植调整规划，当作物种植面积要求是增长时$b=0$，当作物种植面积要求是下降时$a=0$，当作物种植面积要求是稳定或无要求时$a=b$)。

全国各类作物种植面积约束：

$$\sum_{i=1}^{31} XX_{id} \geqslant NA\min_d \tag{5-8}$$

式(5-8)中：XX_{id}表示第i省第d大类农作物的种植面积($d=1,2,3,4,5$，$XX_{i1}=\sum_{j=1}^{4}x_{ij}$，$XX_{i2}=\sum_{j=5}^{6}x_{ij}$，$XX_{i3}=\sum_{j=7}^{8}x_{ij}$，$XX_{i4}=\sum_{j=9}^{9}x_{ij}$，$XX_{i5}=\sum_{j=10}^{10}x_{ij}$)(公顷)；$NA\min_d$表示全国第$d$大类农作物的最小种植面积要求(公顷)；本研究对全国各类作物种植面积的约束来自《"十四五"全国种植业发展规划》。

（三）情景分析设定

为考察不同区域种植约束的影响，本研究分别设置了情景1"高粮食安全低化肥减量"和情景2"低粮食安全高化肥减量"两种。其中，情景1为基准情景，即考虑全国种植约束、六大种植区域约束和各省份的单独约束；情景2中将区域约束放宽，即考虑全国约束和分省份约束，即不考虑功能区内部的种植约束，进一步探索在满足全国粮食安全约束和省份约束的条件下，化肥减量的行动空间。本研究各类作物化肥强度的数据来源于《全国农产品成本收益资料汇编2021》，对各省份各类农作物化肥施用强度缺失值的处理分别采用邻近区域替代、全国平均水平替代和邻近区域最低水平三种测算方法定量评估各省市每类农作物的施肥强度。

第四节　种植结构推动化肥减量的
优化策略分析

一、种植结构对化肥施用强度的影响

（一）种植结构与化肥施用：空间影响

本研究采用空间杜宾模型检验种植结构对化肥施用量的影响，在空间矩阵的选择方面，分别采用邻接矩阵和距离矩阵作为空间权重矩阵，估计结果见表5-3。进一步地，本研究借鉴埃洛斯特（Elhorst，2010）①的估计方法，采用偏微分方程估计模型设定中变量变化的影响作为是否存在空间溢出的判断依据，其中直接效应表示省域内各影响因素发生变化对化肥施用量的影响，间接效应则反映邻接省份各影响因素对本省化肥施用量的影响，而总效应为直接效应和间接效应之和。本研究空间效应分解结果见表5-4。

粮食作物种植结构对化肥施用量的直接效应和间接效应均显著为负。上述结果表明，本省粮食作物种植比例增加会降低化肥施用量，相邻省份粮食作物比例的增加也会显著降低该省化肥施用量，总体效应结果表明粮食作物种植比例的增加会显著降低化肥施用量。农村劳动力转移对化肥施用量的直接效应为正，空间溢出效应为负，且均通过1%的显著性检验。这表明本省农村劳动力转移越多，对化肥施用量的影响越大，其可能的原因在于，随着农村劳动力转移和从事非农活动，对依靠化肥稳定产量和依赖性越严重，也因此带来了化肥施用过量的问题。空间溢出效应为负，表明邻接省份的农村劳动力转移对本省的化肥施用量有显著负向影响。但从总效应来看，农村劳动力转移

---

① Elhorst,J.P.,"Applied Spatial Econometrics：Raising the Bar",Spatial Economic Analysis,Vol.5,No.1,2010.

对化肥施用量的总效应不显著。化肥需求量对化肥施用量的直接效应为负,空间溢出效应为正,分别通过了 1% 和 5% 的显著性检验,表明本省化肥需求量越高,越有利于减少化肥施用量;而邻接省份化肥需求量越高,对本省化肥施用量越具有正向作用。农民化肥购买力对化肥施用量影响的直接效应为正,空间溢出效应为负,且分别在 1% 和 5% 的显著性水平下通过检验,表明随着农民收入水平的不断提升,本省农民化肥购买力的提升,会显著提高本省化肥施用量;而邻接省份农民化肥购买力越高,对本省的化肥施用量具有显著的抑制作用。总效应分析结果表明,农民化肥购买力的提升会显著提高化肥施用量。农业产值占比对化肥施用量影响的直接效应和间接效应均为正,且在 1% 的显著性水平下通过检验,表明本省农业产值比重对化肥施用量具有正向促进作用,这也意味着,农业产业结构调整会对化肥施用量造成影响。空间溢出效应结果表明,邻接省份农业产值比重越大,本省的化肥施用量越高,这表明农业发展具有空间聚集的特征,相邻省份农业产业的发展对本省化肥施用量具有显著影响。技术水平对化肥施用量的直接效应显著为正,且通过了 1% 的显著性检验,表明本省农业技术水平越高,化肥施用量越低,这意味着随着农业技术水平的提升,化肥施用更为精准合理,会降低化肥施用过量的风险。

表 5-3　两种权重下空间 Durbin 模型

变量	邻接空间权重		地理距离权重	
	系数		系数	
lnx_pstructure	−0.133***	(−4.16)	−0.142***	(−4.17)
lnx_labor	0.237***	(4.63)	0.217***	(4.29)
lnx_demand	−0.228***	(−4.05)	−0.233***	(−4.06)
lnx_purchase	1.003***	(21.10)	1.029***	(20.60)
lnx_industrystructure	0.704***	(30.54)	0.684***	(29.61)
lnx_tech1	−0.896***	(−43.61)	−0.910***	(−44.63)
W * lnx_pstructure	−0.252***	(−3.52)	−0.204**	(−2.41)

续表

变量	邻接空间权重		地理距离权重	
	系数		系数	
W * lnx_labor	−0.264***	(−3.05)	−0.565***	(−3.95)
W * lnx_demand	0.263**	(2.51)	0.461***	(2.95)
W * lnx_purchase	−0.492***	(−5.26)	−0.493***	(−3.35)
W * lnx_industrystructure	0.038	(0.76)	−0.032	(−0.51)
W * lnx_tech	0.468***	(9.19)	0.420***	(6.48)
W * dep. var	0.284***	(7.14)	0.308***	(5.97)
sigma2_e	0.010***	(22.79)	0.011***	(22.15)
R²	0.146		0.233	
Log−likelihood	922.371		893.821	
N	1054		1054	

注：***、**、*分别代表1%、5%和10%的显著性水平；括号内为 T 值。

表 5−4 两种权重下空间效应的分解

效应	变量	邻接空间权重		地理距离权重	
直接效应	lnx_pstructure	−0.153***	(−4.60)	−0.154***	(−4.40)
	lnx_labor	0.220***	(4.56)	0.188***	(3.86)
	lnx_demand	−0.207***	(−3.98)	−0.205***	(−3.88)
	lnx_purchase	0.987***	(20.76)	1.019***	(20.82)
	lnx_industrystructure	0.722***	(31.43)	0.695***	(30.54)
	lnx_tech	−0.879***	(−41.38)	−0.901***	(−43.58)
间接效应	lnx_pstructure	−0.382***	(−4.11)	−0.345***	(−3.01)
	lnx_labor	−0.264**	(−2.61)	−0.701***	(−3.79)
	lnx_demand	0.271**	(2.12)	0.560***	(2.67)
	lnx_purchase	−0.272**	(−2.29)	−0.241	(−1.23)
	lnx_industrystructure	0.317***	(5.56)	0.253***	(3.46)
	lnx_tech1	0.287***	(5.33)	0.200***	(2.91)

效应	变量	邻接空间权重		地理距离权重	
总效应	lnx_pstructure	−0.535***	(−5.18)	−0.499***	(−4.10)
	lnx_labor	−0.045	(−0.42)	−0.514***	(−2.66)
	lnx_demand	0.0638	(0.49)	0.355*	(1.69)
	lnx_purchase	0.714***	(5.20)	0.778***	(3.78)
	lnx_industrystructure	1.040***	(16.23)	0.948***	(12.42)
	lnx_tech1	−0.591***	(−9.43)	−0.701***	(−9.38)

注:***、**、*分别代表1%、5%和10%的显著性水平;括号内为T值。

(二)种植结构与化肥施用:时间比较

本研究进一步考察不同时间段内种植结构对化肥施用量变动的影响,将时间跨度进一步划分为1988—1998年、1999—2015年和2016—2021年,探索不同时间段内种植结构对化肥施用量的影响,模型拟合结合和空间效应分解结果见表5-5和表5-6。

1988—1998年:种植结构对化肥施用量的直接效应显著为负,即省份内粮食作物种植比例越高,化肥施用量越低;在地理距离矩阵下,种植结构的空间溢出效应为正但不显著,即相邻省份粮食种植比例越高,本省的化肥施用量越低。农村劳动力转移对化肥施用的直接效应显著为正,空间溢出效应不显著,即本省农村劳动力转移对化肥施用量有着显著正向作用;化肥需求量对化肥施用量的直接效应不显著,空间溢出效应显著为正,即相邻省份化肥需求强度对本省化肥施用量具有显著促进作用。农民化肥购买力对化肥施用量的直接效应显著为正,空间溢出效应不显著;农业产值占比对化肥施用量的直接效应显著为正;技术水平对化肥施用量的直接效应显著为负,空间溢出效应不显著。可见,在此阶段,农村劳动力转移、农民购买力以及农业产值占比的提高是化肥施用量增长的重要促进因素,粮食作物种植比例和技术水平是化肥施用量增长的重要抑制因素。

1999—2015 年:农作物种植结构对化肥施用量的直接效应和空间溢出效应均显著为负,这说明本省和邻省农作物种植比例提高均能显著降低化肥施用量。在该阶段,农村劳动力转移的直接效应显著,空间溢出效应不显著,即本省劳动力转移增加降低了化肥施用量;技术水平的直接效应和空间溢出均显著为负,即本省和邻近区域的农业技术水平的提高都会显著抑制本区域化肥施用量。综上所述,粮食作物种植比例和农业技术水平对化肥施用量具有显著的削减效应。

2016—2021 年:"双减"政策开始实施的总量回落期间,农作物种植结构对化肥施用量的直接效应和空间溢出效应均不显著;农村劳动力转移的直接效益和空间溢出效应均显著为负,即该阶段农村劳动力转移越多,化肥施用量越少,且邻近区域的农村劳动力转移同样会显著抑制本区域的化肥施用量;农业产值占比对化肥施用量的直接效应显著为负,间接效应不显著,即该阶段本区域农业产值比重越大,对化肥施用量的抑制作用越强;此外,直接效应结果表明,本区域农业技术水平的提高对化肥施用量具有显著的削减效应。因此,在该阶段,劳动力转移和技术进步是实现化肥减量的关键因素。

表 5-5　两种权重下分时间段空间 Durbin 模型估计结果

变量	邻接权重矩阵			地理距离矩阵		
	1988—1998 年	1999—2015 年	2016—2021 年	1988—1998 年	1999—2015 年	2016—2021 年
lnx_pstructure	−0.288***	−0.160***	0.007	−0.324***	−0.230***	−0.049
	(−7.73)	(−3.05)	(0.07)	(−8.34)	(−4.18)	(−0.44)
lnx_labor	0.401***	0.339***	−0.910***	0.416***	0.209***	−1.116***
	(10.22)	(5.30)	(−3.64)	(10.65)	(3.38)	(−4.82)
lnx_demand	−0.182	−0.529***	−0.066	0.037	−0.769***	−0.291***
	(−0.92)	(−7.33)	(−0.61)	(0.19)	(−10.37)	(−2.76)

续表

变量	邻接权重矩阵			地理距离矩阵		
	1988—1998 年	1999—2015 年	2016—2021 年	1988—1998 年	1999—2015 年	2016—2021 年
lnx_purchase	0.787***	0.794***	-0.628***	0.779***	0.713***	-0.188
	(20.16)	(10.57)	(-2.92)	(19.27)	(9.18)	(-0.94)
lnx_structure	0.731***	0.633***	-0.095**	0.713***	0.628***	-0.082**
	(21.25)	(17.81)	(-2.53)	(20.93)	(18.93)	(-2.11)
lnx_tech	-0.826***	-0.835***	-0.388***	-0.804***	-0.892***	-0.419***
	(-34.89)	(-26.57)	(-6.23)	(-33.75)	(-29.02)	(-7.28)
W*lnx_structure	0.126	-0.310***	-0.315	0.115	-0.259**	0.112
	(1.59)	(-2.90)	(-1.39)	(1.14)	(-1.99)	(0.38)
W*lnx_labor	0.018	-0.030	-2.996***	0.073	0.034	-2.366***
	(0.19)	(-0.30)	(-5.72)	(0.44)	(0.19)	(-3.24)
W*lnx_demand	1.217***	0.437***	-0.025	1.224**	0.845***	0.062
	(3.18)	(3.08)	(-0.13)	(2.38)	(4.61)	(0.22)
W*lnx_purchase	0.052	0.232*	-0.519	0.137	-0.083	1.998**
	(0.51)	(1.74)	(-1.05)	(0.87)	(-0.43)	(2.52)
W*lnx_industrystructure	-0.065	0.527***	-0.193**	0.020	0.284***	-0.145
	(-0.83)	(6.38)	(-2.28)	(0.17)	(3.03)	(-1.49)
W*lnx_tech	-0.106	-0.101	0.389***	-0.122	-0.064	0.050
	(-1.18)	(-1.11)	(3.23)	(-1.06)	(-0.54)	(0.34)
W*dep.var	-0.127	0.042	-0.007	-0.114	0.148*	-0.022
	(-1.46)	(0.67)	(-0.07)	(-0.99)	(1.88)	(-0.18)
sigma2_e	0.002***	0.003***	0.001***	0.002***	0.004***	0.001***
	(13.04)	(16.23)	(9.64)	(13.06)	(16.52)	(9.64)
r2	0.941	0.085	0.236	0.955	0.067	0.492
Log-likelihood	570.149	750.889	360.368	562.421	723.655	360.662
N	341	527	186	341	527	186

注：***、**、*分别代表1%、5%和10%的显著性水平；括号内为T值。

表 5-6 两种权重下分时间段空间效应的分解

效应	变量	邻接权重矩阵			地理距离矩阵		
		1988—1998 年	1999—2015 年	2016—2021 年	1988—1998 年	1999—2015 年	2016—2021 年
直接效应	lnx_pstructure	−0.292***	−0.161***	0.0134	−0.325***	−0.235***	−0.0446
		(−7.51)	(−3.04)	(0.12)	(−8.02)	(−4.20)	(−0.38)
	lnx_labor	0.401***	0.336***	−0.914***	0.415***	0.208***	−1.119***
		(10.46)	(5.44)	(−3.87)	(10.85)	(3.48)	(−5.06)
	lnx_demand	−0.196	−0.518***	−0.054	0.039	−0.745***	−0.279***
		(−1.02)	(−7.57)	(−0.52)	(0.20)	(−10.76)	(−2.76)
	lnx_purchase	0.787***	0.794***	−0.637***	0.777***	0.712***	−0.203
		(20.75)	(10.89)	(−3.11)	(19.50)	(9.55)	(−1.05)
	lnx_industrystructure	0.736***	0.640***	−0.095**	0.715***	0.638***	−0.081**
		(21.24)	(18.69)	(−2.51)	(20.72)	(19.98)	(−2.09)
	lnx_tech	−0.824***	−0.834***	−0.385***	−0.802***	−0.894***	−0.416***
		(−34.40)	(−26.62)	(−6.05)	(−33.38)	(−28.62)	(−7.11)
间接效应	lnx_pstructure	0.149**	−0.329***	−0.314	0.139	−0.338**	0.117
		(2.01)	(−3.02)	(−1.36)	(1.52)	(−2.28)	(0.38)
	lnx_labor	−0.031	−0.019	−3.002***	0.024	0.071	−2.334***
		(−0.42)	(−0.20)	(−6.13)	(0.18)	(0.36)	(−3.25)
	lnx_demand	1.174***	0.440***	−0.0111	1.177**	0.858***	0.093
		(3.26)	(3.14)	(−0.06)	(2.34)	(4.10)	(0.34)
	lnx_purchase	−0.042	0.282**	−0.517	0.051	0.0341	1.965**
		(−0.53)	(2.33)	(−1.09)	(0.40)	(0.15)	(2.38)
	lnx_industrystructure	−0.143***	0.577***	−0.188**	−0.057	0.439***	−0.134
		(−2.90)	(7.98)	(−2.22)	(−0.74)	(4.74)	(−1.46)
	lnx_tech	0.002	−0.132**	0.391***	−0.024	−0.213**	0.055
		(0.05)	(−1.98)	(3.41)	(−0.43)	(−2.05)	(0.39)

效应	变量	邻接权重矩阵			地理距离矩阵		
		1988—1998 年	1999—2015 年	2016—2021 年	1988—1998 年	1999—2015 年	2016—2021 年
总效应	lnx_pstructure	-0.143*	-0.490***	-0.301	-0.187**	-0.573***	0.072
		(-1.94)	(-4.69)	(-1.20)	(-2.18)	(-3.83)	(0.22)
	lnx_labor	0.369***	0.317***	-3.916***	0.439***	0.279	-3.453***
		(4.97)	(3.50)	(-7.55)	(3.23)	(1.37)	(-4.87)
	lnx_demand	0.978**	-0.078	-0.065	1.216**	0.113	-0.186
		(2.56)	(-0.57)	(-0.32)	(2.30)	(0.56)	(-0.64)
	lnx_purchase	0.746***	1.076***	-1.154**	0.828***	0.746***	1.762**
		(8.72)	(8.37)	(-2.12)	(6.75)	(3.42)	(2.12)
	lnx_industrystructure	0.593***	1.216***	-0.283***	0.659***	1.077***	-0.216**
		(11.27)	(15.11)	(-3.06)	(8.63)	(11.73)	(-2.16)
	lnx_tech	-0.822***	-0.966***	0.005	-0.825***	-1.106***	-0.361**
		(-19.14)	(-13.00)	(0.04)	(-15.61)	(-9.73)	(-2.50)

注：***、**、*分别代表 1%、5%和 10%的显著性水平；括号内为 T 值。

二、作物布局与化肥减量的结构性匹配策略

本研究试图从农作物布局调整角度入手，探索化肥减量策略。具体地，以农业生态安全作为优化目标，考虑人口需求及各省种植规划等约束，探索农作物种植结构调整视角下化肥减量的可行策略。考虑到数据的可获性，本研究主要以各省小麦、玉米、稻谷、大豆、花生、油菜籽、甘蔗、甜菜、棉花、蔬菜共 10种主要农作物的 2021 年的种植面积、单位产量、单位面积化肥使用量等指标，结合第四章第二节构建的目标函数与约束条件，计算得到各农作物在化肥施用量最小的情况下的最优种植面积，并与 2021 年的农作物种植结构进行对比，分别对品种布局和区域布局的结果进行对比分析。目标规划分析结果表明，从整体上而言，基于作物种植结构和空间布局调整的化肥施用量出现显

著下降。基于"高粮食安全—低化肥减量"的基准情景分析结果表明,31个省的主要农作物化肥使用量由原来的5353万—6018万吨,下降为5181万—5829万吨,实现化肥减量157万—217万吨,化肥减量幅度为2.64%—3.63%。基于"低粮食安全—高化肥减量"的放宽种植区域约束的情景分析结果表明,31个省的主要农作物化肥使用量下降为5128万—5802万吨,实现化肥减量170万—225万吨,化肥减量幅度为2.86%—4.20%。两种情景分析结果表明,放宽种植区域约束下的化肥减量效果较之考虑区域约束的化肥减量效果更为明显。以下本研究分别从考虑高粮食安全低化肥减量和低粮食安全高化肥减量两种情景,从品种结构和布局结构角度入手,对结构匹配策略展开分析,为简化表达,本研究采用化肥施用强度的均值计算的最终结果进行分析。

(一)"低粮食安全—高化肥减量"情景

"低粮食安全—高化肥减量"情景的分析结果见表5-7、表5-8和表5-9。从区域布局来看,六大种植区域中东北地区化肥减量空间最大,经调整后可减少91.73万吨,其次为黄淮海和长江中下游地区,分别可以减少60.05万吨和44.99万吨。经优化后东北地区粮食作物化肥减量98.48万吨,其次为长江中下游、黄淮海和西南地区。经济作物中黄淮海地区减量空间最大,为5.86万吨,其次为华南地区和西南地区。园艺作物中,华南地区化肥减量空间最大,为53.11万吨,其次为黄淮海地区和西南地区;相比之下,东北地区和西北地区经调整的化肥施用量出现增长,分别为5.81万吨和4.19万吨。因此,东北地区、长江中下游、黄淮海和西南地区的粮食作物,以及黄淮海地区、华南地区和西南地区的经济作物,以及华南地区、黄淮海地区和西南地区的园艺作物减量空间较大,是下一步化肥减量的重点。

从品种布局来看,粮食作物化肥减量空间最大(可减量162.73万吨),其次为园艺作物(减量64.26万吨)。从具体作物类型来看,粮食作物中玉米减量幅度最大，其次为稻谷，经调整后小麦和大豆的化肥施用量出现上升。经济作物中花生、油菜籽、甘蔗的化肥减量分别为 3.54 万吨、2.15 万吨和 2.93 万吨，经调整后的甜菜和棉花的化肥施用量出现增长。园艺作物中，蔬菜化肥施用量减少 64.26 万吨。因此，从品种布局优化的减量空间来看，粮食作物和蔬菜作物减量的重点作物品种，主要是玉米和稻谷。

经化肥减量目标优化的各地区的结构性匹配政策分别为：东北地区减少稻谷种植 27.81 万公顷和玉米种植 262.72 万公顷，上调大豆种植 38.49 万公顷、花生种植 3.78 万公顷、油菜籽种植 4.10 万公顷等，可在满足约束条件下，实现化肥减量 91.73 万吨。黄淮海地区减少稻谷种植 34.88 万公顷、减少玉米种植 103.73 万公顷、减少花生种植 6.30 万公顷、减少油菜籽 11.87 万公顷，增加小麦种植 44.36 万公顷、大豆种植 14.45 万公顷等，可减少化肥使用 60.05 万吨。长江中上游地区减少稻谷种植 100.67 万公顷，减少小麦种植 17.55 万公顷，减少玉米种植 51.16 万公顷，增加大豆种植 42.69 万公顷、油菜籽种植 14.62 万公顷、花生种植 4.09 万公顷等，化肥施用量可减少 44.99 万吨。华南地区为增加稻谷种植 77.16 万公顷、玉米种植 5.07 万公顷，减少花生种植 6.05 万公顷、减少甘蔗种植 5.53 万公顷等，可在满足粮食安全的约束下，实现化肥减量 29.21 万吨。西南地区增加稻谷种植 27.88 万公顷、小麦种植 30.32 万公顷、大豆种植 26.39 万公顷，减少玉米种植 58.28 万公顷等，化肥施用量可减少 13.56 万吨。相比之下，西北地区减少玉米种植 14.02 万公顷，增加稻谷、小麦、大豆、棉花、甜菜、油菜籽和蔬菜的种植，化肥施用量增加 33.80 万吨。值得注意的是，随着居民对蔬菜需求缺口较大，因此本研究经调整后，除黄淮海和华南地区蔬菜种植面积出现下降之外，其他地区蔬菜种植面积均出现上涨。因此，未来研究可以进一步聚焦蔬菜化肥减施策略。

表5-7　低粮食安全高化肥减量情景下化肥施用量变动值（单位:万吨）

名称	稻谷	小麦	玉米	大豆	花生	油菜籽	甘蔗	甜菜	棉花	蔬菜	合计
东北	-8.55	3.00	-98.02	5.09	1.08	0.28	0.00	-0.43	0.00	5.81	-91.73
西北	0.58	4.22	-5.19	1.37	-0.10	0.18	0.00	0.93	27.61	4.19	33.80
黄淮海	-16.97	17.60	-33.47	1.44	-3.16	-3.34	-0.01	-0.01	0.66	-22.79	-60.05
长江中下游	-26.59	-10.05	-19.27	2.23	1.16	3.79	-0.30	0.00	1.11	2.94	-44.99
华南	27.91	0.03	1.61	-0.06	-1.66	-0.18	-3.75	0.00	-0.00	-53.11	-29.21
西南	7.22	6.16	-23.70	0.67	-0.86	-2.88	1.12	-0.00	0.01	-1.30	-13.56
全国	-16.39	20.96	-178.04	10.73	-3.54	-2.15	-2.93	0.50	29.37	-64.26	-205.74

表5-8　低粮食安全高化肥减量情景下种植结构变动值（单位:万公顷）

名称	稻谷	小麦	玉米	大豆	花生	油菜籽	甘蔗	甜菜	棉花	蔬菜
东北	-27.81	4.57	-262.72	38.49	3.78	4.10	0.00	-1.03	0.00	8.87
西北	1.11	11.65	-14.02	9.58	-0.30	0.51	0.00	1.58	41.11	5.24
黄淮海	-34.88	44.36	-103.73	14.45	-6.30	-11.87	-0.01	-0.05	1.95	-18.56
长江中下游	-100.67	-17.55	-51.16	42.69	4.09	14.62	-0.42	0.00	2.00	19.51
华南	77.16	0.07	5.07	-0.49	-6.05	-0.71	-5.53	0.00	-0.01	-56.08
西南	27.88	30.32	-58.28	26.39	-3.94	-17.05	2.41	-0.00	0.01	3.37
全国	-57.21	73.42	-484.83	131.12	-8.72	-10.40	-3.56	0.50	45.06	-37.65

表5-9　低粮食安全高化肥减量情景下三大作物类型化肥施用量及种植面积变动情况

	化肥施用量变动（万吨）			种植面积变动（万公顷）		
	粮食作物	经济作物	园艺作物	粮食作物	经济作物	园艺作物
东北	-98.48	0.94	5.81	-247.47	6.86	8.87
西北	0.99	28.62	4.19	8.32	42.89	5.24
黄淮海	-31.40	-5.86	-22.79	-79.79	-16.28	-18.56
长江中下游	-53.69	5.75	2.94	-126.69	20.29	19.51

	化肥施用量变动（万吨）			种植面积变动（万公顷）		
	粮食作物	经济作物	园艺作物	粮食作物	经济作物	园艺作物
华南	29.49	-5.59	-53.11	81.81	-12.29	-56.08
西南	-9.65	-2.61	-1.30	26.31	-18.58	3.37
全国	-162.73	21.25	-64.26	-337.51	22.89	-37.65

（二）"高粮食安全—低化肥减量"情景

"高粮食安全—低化肥减量"情景的分析结果见表5-10、表5-11和表5-12。从区域布局来看，六大种植区域中东北地区化肥减量空间最大，经调整后可减少107.23万吨，其次为长江中下游地区和黄淮海地区，分别可以减少89.85万吨和24.95万吨。在粮食作物种植方面，经调整后东北地区化肥减量116.56万吨，其次为长江中下游地区、黄淮海地区和西南地区。在经济作物种植方面，黄淮海地区的化肥减量空间最大，为7.53万吨。在园艺作物种植方面，华南地区化肥减量空间最大，为41.45万吨，其次为长江中下游地区和黄淮海地区，相比之下，东北地区、西北地区和西南地区经调整的化肥施用量均出现增长，分别为8.26万吨、5.82万吨和9.37万吨。在"高粮食安全—低化肥减量"的情景下，东北地区、黄淮海地区及长江中下游地区的粮食作物，黄淮海地区的经济作物，以及华南地区和长江中下游地区的园艺作物减量空间较大，是下一步化肥减量的重点。

从品种布局来看，粮食作物化肥减量空间最大（可减量165.72万吨），其次为园艺作物（40.74万吨）。从具体作物类型来看，粮食作物中玉米减量幅度最大，其次为小麦，经调整后稻谷和大豆的化肥施用量出现上升。经济作物中花生和甘蔗的化肥减量分别为3.45万吨和0.09万吨，经调整后的大豆和油菜籽的化肥施用量出现增长。园艺作物中蔬菜化肥施用量减少40.74万吨。因此，从品种布局优化的减量空间来看，粮食作物应作为减量的重点作物品种，其次为蔬菜。

经化肥减量目标优化的各地区结构性匹配政策分别为:东北地区减少稻谷种植14.52万公顷、减少玉米种植347.06万公顷,上调大豆100.01万公顷、花生种植3.60万公顷、油菜籽种植1.05万公顷等,可在满足约束条件下,实现化肥减量107.23万吨。华南地区减少玉米种植2.10万公顷、减少大豆种植2.31万公顷、减少蔬菜种植48.97万公顷,增加稻谷种植66.33万公顷、花生种植3.69万公顷等,可在满足粮食安全的约束下,实现化肥减量18.27万吨。黄淮海地区减少玉米种植93.71万公顷,增加稻谷种植23.60万公顷、大豆种植6.27公顷等,可减少化肥使用24.95万吨。长江中下游地区减少稻谷种植98.92万公顷、减少小麦76.99万公顷、减少玉米16.55万公顷,减少花生1.43万公顷,减少蔬菜34.08万公顷,增加大豆42.63万公顷、油菜籽8.9万公顷等,化肥施用量可减少89.85万吨。相比之下,西北地区各类作物面积均增加,化肥施用量增加47.22万吨;西南地区玉米种植面积减少59.76万公顷,花生种植面积减少0.91万公顷,增加稻谷种植面积53.54万公顷、小麦种植33.14万公顷、大豆种植22.13万公顷等,化肥施用量增加9.07万吨。

表 5-10　高粮食安全低化肥减量情景下化肥施用量变动值(单位:万吨)

名称	稻谷	小麦	玉米	大豆	花生	油菜籽	甘蔗	甜菜	棉花	蔬菜	合计
东北	-3.67	2.62	-130.14	14.62	1.03	0.07	0.00	-0.03	-0.00	8.26	-107.23
西北	0.60	11.33	3.33	0.42	0.17	1.17	-0.00	0.28	24.10	5.82	47.22
黄淮海	11.76	3.23	-31.07	0.65	-4.80	-2.41	-0.00	0.01	-0.33	-1.98	-24.95
长江中下游	-31.10	-35.92	-6.26	2.25	-0.41	2.42	0.13	0.00	-0.21	-20.76	-89.85
华南	23.96	0.04	-0.64	-0.30	0.83	-0.15	-0.57	0.00	0.00	-41.45	-18.27
西南	13.82	7.52	-23.19	0.39	-0.27	1.07	0.36	-0.00	-0.00	9.37	9.07
全国	15.37	-11.18	-187.96	18.04	-3.45	2.18	-0.09	0.25	23.57	-40.74	-184.00

表 5-11　高粮食安全低化肥减量情景下种植结构变动值(单位:万公顷)

名称	稻谷	小麦	玉米	大豆	花生	油菜籽	甘蔗	甜菜	棉花	蔬菜
东北	-14.52	4.49	-347.06	100.01	3.60	1.05	0.00	-0.08	0.00	18.12
西北	1.07	26.50	8.70	2.87	0.52	4.26	0.00	0.47	35.89	7.02
黄淮海	23.60	12.37	-93.71	6.27	-9.99	-8.54	0.00	0.09	-0.66	-9.21
长江中下游	-98.92	-76.99	-16.55	42.63	-1.43	8.90	0.18	0.00	-0.70	-34.08
华南	66.33	0.09	-2.10	-2.31	3.69	-0.60	-1.16	0.00	0.01	-48.97
西南	53.54	33.14	-59.76	22.13	-0.91	0.44	0.68	0.00	-0.01	28.29
全国	31.10	-0.41	-510.48	171.60	-4.53	5.53	-0.30	0.48	34.53	-38.83

表 5-12　高粮食安全低化肥减量情景下三大作物化肥施用量及种植面积变动情况

	化肥施用量变动(万吨)			种植面积变动(万公顷)		
	粮食作物	经济作物	园艺作物	粮食作物	经济作物	园艺作物
东北	-116.56	1.07	8.26	-257.08	4.58	18.12
西北	15.69	25.72	5.82	39.14	41.14	7.02
黄淮海	-15.43	-7.53	-1.98	-51.48	-19.11	-9.21
长江中下游	-71.02	1.93	-20.76	-149.83	6.95	-34.08
华南	23.07	0.12	-41.45	62.00	1.94	-48.97
西南	-1.46	1.16	9.37	49.05	0.21	28.29
全国	-165.72	22.46	-40.74	-308.19	35.71	-38.83

第五节　种植布局优化推动化肥减量的政策启示

中国的化肥施用量表现出明显的时间阶段性和空间分异性特征。通过包含政策在内的一系列化肥减量措施的努力,围绕技术改进、要素配置及外生干预等化肥减量措施相继实施,我国化肥减量取得了突破性进展。但不容忽视的是,传统技术改进化肥减量、要素配置化肥减量与外生干预化肥减量均面临现阶段难以克服的阻碍。考虑化肥施用量天然由作物品种及其区位布局决定，即与所种植的作物类型和种植区域的土壤、灌溉和气候等环境特征因素紧密相关，本研究重点考察种植结构对化肥施用量及其时空特征的影响，并从作物品种布局与结构布局优化的视角，探索化肥减量的结构性匹配策略。本研究的理论贡献在于：第一，突破既有研究从肥料技术改进（如推广测土配方肥）、要素配置升级（如扩大农地经营规模）与外生力量激励（如政府提供有机肥补贴）视角的化肥施用量影响因素探析，从种植结构调整角度揭示出化肥施用量时间阶段性和空间分异性特征的生成机理。第二，在考虑各类作物供需均衡的基础上，构建起化肥减量目标下各区域的种植结构优化模型，并基于2021年种植情景和十四五种植规划目标。揭示出各类主要粮食、经济和园艺作物的结构调整方向。

　　本研究的主要结论包括：第一，化肥施用量和种植结构均具有较强的空间相关性，且种植结构的空间相关性随时间变动呈增强趋势。第二，不同作物的化肥施用量从高到低顺次为园艺作物、经济作物和粮食作物；不同种植功能区的化肥施用强度则为华南地区和黄淮海地区最高，长江中下游地区和西北地区居中，西南地区和东北地区最低。第三，种植结构对化肥施用量具有显著且负向的直接效应和间接效应。第四，基于生态目标和粮食安全约束考虑的农作物种植结构优化方案，可以显著降低化肥施用总量；若考虑居民农产品消费需求转型，主粮消费需求减少，给予粮食作物调整更宽的空间，"低粮食安全—高化肥减量"情形可降低170万—225万吨；若考虑全球重大公共卫生事件等不确定性冲击，给予粮食作物调整更高的约束，"高粮食安全—低化肥减量"情形可降低157万—217万吨。第五，就总量调整而言，粮食作物的调整方向是减少玉米和稻谷种植，增加小麦和大豆种植；蔬菜和经济作物的调整则表现为空间布局的优化；就区域调整而言，本研究在"高粮食安全—低化肥减量""低粮食安全—高化肥减量"两种情形下，分别提出六大种植区域相应的调整策略。

　　本研究的不足之处在于：一是基于省级面板数据的分析难以体现省内各县区的种植结构和化肥施用量。建议后续研究基于县域数据展开分析，以细致刻画种植结构和化肥施用量的关联关系。二是基于"十四五种植规划"中关于农产品的供需情况设定情景约束，从而对粮食作物、经济作物和园艺作物的种植结构调整策略进行模拟优化分析，但未能反映长期动态变化的情景。建议后续研究拓展本研究的优化模型，结合人口结构变动和公众营养与健康等引致的消费需求变化对种植结构的影响开展情景预测分析，以揭示出人口和社会经济变动情形下的种植结构调整与化肥减量之间的逻辑关系，为保障粮食安全和绿色发展提供决策依据。

第六章　农业绿色发展的多元主体
协同机制

  农业绿色发展是推进农业高质量发展、农业农村现代化和实施乡村振兴战略的重大举措。中国农业科学院和中国农业绿色发展研究会在京联合发布《中国农业绿色发展报告2020》①。报告显示,2012—2019年间,中国稳步推进耕地质量提升、农田灌溉水保障和化学品利用效率改进等方面的重要举措,农业绿色发展水平指数从73.46提升至77.14,提高了5.01%。总体而言,中国绿色农业发展的整体水平较高。但具体而言,仍存在明显发展短板与提升潜力。例如,全国耕地质量平均等级仅为4.76级,尽管三大粮食作物的化肥利用率和农药利用率在2020年均在40%以上,但在横向对比上仍远低于发达国家,而农村生活污水治理率仅为25.5%。这意味着,在未来很长一段时期内,中国不仅需要巩固现有的农业绿色发展成果,而且需要补齐短板,在最大程度上释放农业绿色发展的潜力。

  农业绿色发展涉及政府、农户、企业和消费者等多元利益主体,如何构建多元利益主体协同的农业绿色模式是一个重要的理论和实践命题。从现有研究来看,有关利益关联主体如何促进农业绿色发展的研究重点关注政府和农

---

  ①　中华人民共和国农业农村部:《中国农业绿色发展报告2020》发布,中华人民共和国农业农村部官网,2021年7月28日。

户。例如,聚焦于农业保险和生态补偿等政府财政支持(叶初升、惠利,2016[①])、环境规制等政府环保法制建设、农户绿色技术采纳(潘丹、孔凡斌,2015[②]),以及农户实施绿色生产的福利改进。然而,企业与消费者从市场端出发对农业绿色发展的拉动作用未得以充分探讨(黄季焜,2018[③])。与农地规模经营思路并举,基于农业纵向分工发展企业服务规模经营被认为是促进农业现代化的重要举措,可极大增强农业生产投入规范性以减少生态破坏。同时培育消费者形成有益健康的科学膳食结构、本地农产品偏好以及避免浪费的行为习惯,是发达国家拉动农业可持续发展的重要举措。虽有部分研究关注农业龙头企业和农业金融服务组织绿色创新、绿色农产品消费引导,然而却未能形成协同多元主体的整合分析框架。

本研究试图从多元主体协同视角来探究农业绿色发展模式。重点在于:第一,构建包含政府、企业、农户与消费者相关利益关联主体在内的模型,进而求出纳什均衡解,探究各方主体实施农业绿色发展的可行路径。第二,对核心主体的博弈过程进行数值仿真,从而更直观地观测在多重目标约束下,不同主体利用行为的演化过程,并模拟可行路径的潜在结果和实际效用。第三,根据博弈模型分析结果,明确政府、企业、农户与消费者在实施农业绿色发展中的协同机制,即角色定位与权、责、利配置,以此衔接多元利益主体、切实保障农业绿色发展模式及其优化布局方案的实施。本研究的边际贡献在于:突破已有研究重视政府行政干预和农户绿色技术采纳的局限,将企业市场手段和消费者需求拉动对农业绿色发展的促进作用纳入,考察政府作为行政主体、企业作为市场主体、农户作为生产主体和消费者作为需求主体,在农业绿色发展中

---

① 叶初升、惠利:《农业财政支出对中国农业绿色生产率的影响》,《武汉大学学报(哲学社会科学版)》2016 年第 3 期。

② 潘丹、孔凡斌:《养殖户环境友好型畜禽粪便处理方式选择行为分析——以生猪养殖为例》,《中国农村经济》2015 年第 9 期。

③ 黄季焜:《农业供给侧结构性改革的关键问题:政府职能和市场作用》,《中国农村经济》2018 年第 2 期。

的角色定位与权责利配置,由此衔接农业生产与消费系统、行政与市场手段,揭示多元利益关联主体实施农业绿色发展的协同机制。

第一节　农业绿色发展多元协同理论逻辑

一、农业绿色发展驱动因素分析

既有关于农业绿色发展模式的议题主要围绕农业绿色发展的概念与内涵、农业绿色发展的指标体系构建与测算、农业绿色发展绩效的影响因素分析、农业绿色发展模式的分析等方面展开。在概念与内涵方面,已有研究针对农业绿色发展并没有严格的概念界定,不同学者基于各自的研究视角给出自己的观点。焦翔(2019)[①]遵循原则—目标—手段逻辑,认为农业绿色发展的原则是全面可持续发展,核心目标在于实现农业经济效益、资源节约和环境保护协同,采取的手段包括先进技术、装备和管理理念的应用,走以保障国家食物安全、资源安全和生态安全,以及确保代际公平的现代农业发展之路。尹昌斌等(2021)[②]从产业链的角度出发,指出农业绿色发展就是要建成现代化的农业生产、流通和营销体系,在全产业链上逐步采纳现代高新技术,实现绿色化发展。金书秦等(2020)[③]则从发展阶段来界定农业绿色发展,认为农业发展分别存在去污(农业生产过程的清洁化)、提质(产地绿色化和产品优质化)和增效(绿色成为农业高质量发展的内生动力)三个阶段。

在指标体系方面,学者们认为绿色农业发展指标总体上要求能够科学、客观、准确地反映农业绿色发展的概念实质,因而指标体系的构建应当遵循系统

---

① 焦翔:《我国农业绿色发展现状、问题及对策》,《农业经济》2019 年第 7 期。

② 尹昌斌、程磊磊、杨晓梅、赵俊伟:《生态文明型的农业可持续发展路径选择》,《中国农业资源与区划》2015 年第 1 期。

③ 金书秦、牛坤玉、韩冬梅:《农业绿色发展路径及其"十四五"取向》,《改革》2020 年第 2 期。

性、科学性、可操作性和可比性等主要原则。从具体的指标层来看，一级指标层大致涵盖了经济效益、社会效益、环境效益和生态效益等维度。此外，根据特定的研究目的，部分学者还考虑了生活、供给和公众满意度等维度的指标。二级及以下指标层学者们根据研究重点、数据可获得性与指标的可比性形成各具代表的指标体系（张建杰等，2020[①]）。在核算方法方面，相关研究的重点在于指标权重的设定。一类是主观赋权法，主要指根据决策者或者权威专家对各指标重要程度的经验主观判断来确定指标权重，具体包括专家调查法、层次分析法、二项系数法、环比评分法、最小平方法等（黄少坚、冯世艳，2021[②]）。另一类是客观赋权法，主要是根据数据指标之间的关系来测算权重，常用的方法包括主成分分析法、熵值法、离差及均方差法、数据包络分析法等（李谷成，2014[③]）。

在农业绿色发展绩效的影响因素分析方面，其核心议题在于通过有效识别影响农业绿色发展的关键因素，进而提出相应的改进策略。在宏观层面，赵大伟等（2012）[④]基于质性分析认为，技术创新、专业分工和政策支持是农业绿色发展的重要外部动力。李谷成（2014）[⑤]运用考虑非合意产出的非径向、非角度松弛值测度（SBM）方向性距离函数表征的全要素生产率模型来测算中国农业绿色发展绩效，发现制度变革是农业绿色发展的主要驱动力，其中包括家庭联产承包责任制的实施、农产品价格体制改革、税费改革及农业公共支出变迁等。杨骞等（2019）[⑥]发现中国农业绿色发展绩效存在空间分异性，主要

① 张建杰、崔石磊、马林、孟凡磊、宋晨阳、李雨濛、马文奇：《中国农业绿色发展指标体系的构建与例证》，《中国生态农业学报（中英文）》2020 年第 8 期。
② 黄少坚、冯世艳：《农业绿色发展指标设计及水平测度》，《生态经济》2021 年第 5 期。
③ 李谷成：《中国农业的绿色生产率革命：1978—2008 年》，《经济学（季刊）》2014 年第 2 期。
④ 赵大伟：《中国绿色农业发展的动力机制及制度变迁研究》，《农业经济问题》2012 年第 11 期。
⑤ 李谷成：《中国农业的绿色生产率革命：1978—2008 年》，《经济学（季刊）》2014 年第 2 期。
⑥ 杨骞、王珏、李超、刘鑫鹏：《中国农业绿色全要素生产率的空间分异及其驱动因素》，《数量经济技术经济研究》2019 年第 10 期。

是受到自然环境、财政支农支出与农民收入水平等因素的影响。吴传清和宋子逸(2018)①针对长江经济带农业绿色发展绩效的研究发现,机械化水平、人力资本存量和财政支出水平对农业绿色全要素生产率有显著正向影响;受灾率、灌溉设施水平、二三产业发展水平和对外开放水平对农业绿色全要素生产率有显著负向影响。在微观层面上,相关研究主要是通过考察农户绿色农业生产技术采纳意愿和行为的影响因素来研究农业绿色发展绩效问题。其中,如性别、年龄和受教育程度等农户个体特征、收入和劳动力配置等家庭特征、技术培训和政府补贴等政策因素(张复宏等,2017②)、社会信任和关系网络等社会资本是重点关注的变量。

在农业绿色发展模式的分析方面,各地区都在积极探索符合自身自然资源禀赋和社会经济状况的农业绿色发展模式。从既有文献来看,农业绿色发展模式主要包括:第一,政府干预型,此类发展模式依托于政府自上而下的组织与协调,寄希望于政府在全产业链上为绿色农业提供组织、技术和资金支持。具体而言,包括完善绿色农业金融服务、环境规制等环保法治构建,以及建立绿色农产品基地和绿色农业示范区、扶植绿色农业龙头企业等(叶初升、惠利,2016③)。第二,农户参与型,强调通过培育新型农业经营主体,推进农业规模经营,提高农户绿色农业技术采纳率。由此,解决农业绿色发展面临的组织和技术约束。第三,市场引导型,这方面的研究试图通过完善绿色农产品市场体系和绿色农产品营销通道,进而促进绿色农产品消费,最终利用市场需求及其价格机制倒逼农业绿色发展(黄季焜,2018④)。与此同时,通过完善农

---

①　吴传清、宋子逸:《长江经济带农业绿色全要素生产率测度及影响因素研究》,《科技进步与对策》2018 年第 17 期。

②　张复宏、宋晓丽、霍明:《果农对过量施肥的认知与测土配方施肥技术采纳行为的影响因素分析——基于山东省 9 个县(区、市)苹果种植户的调查》,《中国农村观察》2017 年第 3 期。

③　叶初升、惠利:《农业财政支出对中国农业绿色生产率的影响》,《武汉大学学报(哲学社会科学版)》2016 年第 3 期。

④　黄季焜:《农业供给侧结构性改革的关键问题:政府职能和市场作用》,《中国农村经济》2018 年第 2 期。

业社会化服务体系,为经营主体提供绿色农业生产相关的市场服务,以改进绿色农业生产绩效(张露、罗必良,2020①)。

通过文献梳理可以发现,既有研究在农业绿色发展的概念、指标体系构建和测算、发展绩效的影响因素和发展模式等方面展开了细致的分析,但仍存在进一步拓展的空间。尤其是关于农业绿色发展模式的分析,既有文献侧重于政府干预与农户行为模式引导的考察,相对忽视对市场利益主体的讨论,未能形成协同多元主体的整合分析框架。虽然部分文献涉及了绿色农产品消费、农业龙头企业和农业金融服务组织绿色创新的探讨,但企业与消费者从市场端出发对农业绿色发展的拉动作用未得以充分探讨(黄季焜,2018②)。与培育新型农业经营主体、推动农业适度规模经营并举,基于农业纵向分工发展企业服务规模经营被认为是促进农业现代化的重要举措,可极大增强农业生产投入规范性以减少生态破坏(张露、罗必良,2020③)。同时培育消费者形成有益健康的科学膳食结构、本地农产品偏好以及避免浪费的行为习惯,是发达国家拉动农业可持续发展的重要举措。据此,本研究试图从农业绿色发展的三个核心利益相关主体(即政府、企业与农户)出发,并将消费者纳入博弈的分析框架中,以此分析各主体之间的行为,并且结合仿真分析工具,揭示多元利益主体协同推进农业绿色发展的内在机制。

二、农业绿色发展多元主体协同的理论模型

本研究主要围绕政府与农户、农户与农户、政府与企业间的协同出发,运用演化博弈理论,分析多元主体协同的理论模型。

---

① 张露、罗必良:《中国农业的高质量发展:本质规定与策略选择》,《天津社会科学》2020年第5期。
② 黄季焜:《农业供给侧结构性改革的关键问题:政府职能和市场作用》,《中国农村经济》2018年第2期。
③ 张露、罗必良:《中国农业的高质量发展:本质规定与策略选择》,《天津社会科学》2020年第5期。

（一）动态演化博弈模型——政府与农户

政府部门和农户是推进农业绿色发展的关键主体。政府作为公共物品的主要供给主体，为实现农业绿色发展的目标提供有效的外部支持。另外，在中国农业经营仍以小农户为主体的背景下，政府要实现农业绿色发展目标将有赖于农户主体的积极响应。但相比于传统的农业发展模式，农业绿色发展难免会增加农户生产模式转变的信息搜集成本和时间成本。作为"理性人"，农户在"效用最大化"为经营目标行为动机下，其农业绿色发展参与决策必然面临成本与收益方面的考量。短期来看，若从事绿色农业生产缺乏足够的经济利益激励，农户将有可能选择短期生产行为。但从长期来看，农户在作出生产决策时，会融合诸多外部信息，不再局限于单一的"效用最大化"目标，同时也会适当考虑环境效益等其他因素。

1.演化博弈模型（政府与农户）

本书假设在博弈中，政府与农户作为参与主体。农户主体面临农业绿色生产策略与传统农业生产策略的选择行为；而政府主体可以选择加以干预也可以不干预。

（1）当农户选择传统农业生产策略，且政府采取不干预策略时，农户从事绿色生产需要承担的成本为 $-C_1$，并且农户选择绿色生产策略能够获得相应收益 W（绿色农产品出售获得的溢价等）；而此时政府采取不干预策略的收益为 0。

（2）当农户采取绿色生产策略，且政府采取干预策略时，二者均需承担相应的成本，分别记为 $-C_1$ 和 $-C_2$。此时农户可以通过绿色生产获得来自政府部门相应的补贴 S。

（3）当农户采取传统生产策略，且政府采取干预策略时，农户可能会因为采取焚烧秸秆等短期生产行为而面临来自政府的罚款，惩罚概率为 p，惩罚额度为 pF；同时，政府在干预农户行为时，需要支付一定的监督成本，记作 $-C_2$。

农业绿色发展的模式与策略：以长江经济带为例

(4)当农户选择传统生产策略,且政府采取不干预策略时,农户的收益为0;尽管政府选择不干预策略,但其仍需要支付农户非绿色生产所带来的社会福利损失,记为 $-L$。政府与农户主体演化博弈的收益矩阵如表6-1所示:

表6-1 演化博弈的收益矩阵(政府与农户)

主体及策略		政府	
		干预	不干预
农户	绿色生产	$(-C_1+S+W, -C_2-S)$	$(-C_1+W, 0)$
	传统生产	$(-pF, -C_2+pF)$	$(0, -L)$

2.演化博弈模型的均衡解(政府与农户)

假设农户选择绿色生产策略的概率为 x,采取传统生产策略的概率则为 $(1-x)$;同样地,假设政府选择干预策略的概率为 y,那么选择不干预农户行为的概率为 $(1-y)$,x 和 y 的取值范围均为 $[0,1]$。此时,农户选择绿色生产获得的收益为:

$$\pi_1 = y \times (-C_1+S+W) + (1-y) \times (-C_1+W) = (-C_1+W) + yS \tag{6-1}$$

而在采取传统生产策略的农户收益为:

$$\pi_2 = y \times (-pF) + (1-y) \times 0 = -ypF \tag{6-2}$$

据此,可以得到如下农户平均收益公式:

$$\bar{\pi} = x \times \pi_1 + (1-x) \times \pi_2 = x(W-C_1+yS) - (1-x)ypF \tag{6-3}$$

进一步地,在选择绿色生产策略的情景下,农户的复制动态方程可以表示为:

$$F(x) = dx/dt = x(\pi_1 - \bar{\pi}) = x(1-x)(W-C_1+yS+ypF) \tag{6-4}$$

此时,在选择干预策略的情景下,政府获得的收益为:

$$\pi_3 = x \times (-C_2-S) + (1-x) \times (-C_2+pF) = (-C_2+pF) - xpF - xS \tag{6-5}$$

144

政府选择不干预策略所获的收益为：

$$\pi_4 = x \times 0 + (1 - x) \times (- L) = - (1 - x)L \tag{6-6}$$

由此，政府的平均收益为：

$$\bar{\pi}' = y \times \pi_3 + (1 - y) \times \pi_4 = y(- C_2 + pF - xpF - xS) - (1 - y)(1 - x)L \tag{6-7}$$

根据以上计算的平均收益，可求得政府选择干预策略的复制动态方程：

$$F(y) = dy/dt = y(\pi_3 - \bar{\pi}') = y(1 - y)[- C_2 + pF - xpF - xS + (1 - x)L] \tag{6-8}$$

其中，$F(x)$ 和 $F(y)$ 表示动态博弈演化轨迹。

令 $F(x) = 0$，则有：

$$x = 0, x = 1, y = \frac{C_1 - W}{S + pF} \tag{6-9}$$

令 $F(y) = 0$，可得：

$$y = 0, y = 1, x = \frac{pF + L - C_2}{pF + S + L} \tag{6-10}$$

分别对（6-4）和（6-8）式求偏导，得到雅可比矩阵并得出相应的行列式值和迹（Friedman，1991）。

$$J\begin{pmatrix} \dfrac{\partial F(x)}{\partial x} & \dfrac{\partial F(x)}{\partial y} \\ \dfrac{\partial F(y)}{\partial x} & \dfrac{\partial F(y)}{\partial y} \end{pmatrix} = \begin{pmatrix} (1 - 2x)(W - C_1 + yS + ypF) & x(1 - x)(pF + S) \\ y(1 - y)(- pF - S - L) & 1 - 2y[- C_2 + pF - xpF - xS + (1 - x)L] \end{pmatrix} \tag{6-11}$$

则雅可比矩阵的行列式值和迹可分别表示为：

$$\det(J) = (1 - 2x)(1 - 2y)(W - C_1 + yS + ypF)[- C_2 + pF - xpF - xS + (1 - x)L]$$
$$- xy(1 - x)(1 - y)(S + pF)(- pF - S - L) \tag{6-12}$$

$$tr(J) = (1 - 2x)(W - C_1 + yS + ypF) + (1 - 2y)[- C_2 + pF - xpF - xS + (1 - x)L] \tag{6-13}$$

结合雅可比矩阵的行列式值和迹可以判断演化稳定均衡点。

（二）动态演化博弈模型——农户与农户

政府与农户的分析结果表明，农户的策略选择会受到政府补贴、罚款以及监管力度等外部因素的影响，但并未考虑农户群体内部的相互博弈以及农户自身禀赋等内在因素对农户最终策略抉择的作用机制。此外，农户最优决策是一个动态调整过程。基于此，本研究采用演化博弈模型展开对"有限理性"农户群体内部博弈关系的考察。

1.演化博弈模型基本假设与收益矩阵（农户与农户）

农户拥有是否参与绿色生产的决策权，即在农户与农户之间演化博弈中，博弈双方的策略空间都为｛绿色化生产，非绿色化生产｝。考虑到不同农户作物种植面积、家庭劳动力数以及受教育水平等禀赋存在差异，导致不同农户在作出绿色化生产策略选择时面临的约束条件各异。因此，不同农户出于追逐更多利益（如政府补贴）的考虑，在作出是否参与绿色化生产的行为决策时，必然存在着利益博弈。研究假设存在两个博弈主体，即农户1和农户2，并假设在该博弈中，参与人（农户1和农户2）都是有限理性的，并通过不断学习、模仿、调整以达到自身的最优决策。在此基础上，我们进一步假设：①当农户1和农户2均采取传统生产策略时，他们额外承担的生产成本和相应收益均为0[①]；②当博弈双方采取绿色生产策略时，政府无需对农户进行监管或采取激励措施。值得注意的是，尽管此时缺乏政府补贴，但农户仍可以从农业绿色生产中获得些许收益，如绿色农产品销售所得等，记为 W_1 和 W_2；此外，博弈双方实施绿色生产带来的信息搜集成本、时间成本等额外成本记为 C_1 和 C_2，那么可知博弈双方的收益为（ W_1-C_1 , W_2-C_2 ）。当农户1采取绿色生产策略，农户2选择传统生产策略时，政府将通过采取监管和补贴措施，以激励农户选择

---

① 当所有农户都选择非绿色生产时，政府不会对全部的农户加以惩罚，即所谓的"法不责众"。

绿色生产策略。假设政府的补贴为 S，政府的惩罚为 F，且农户 2 受到惩罚的概率为 p。那么，此种情况下博弈双方的收益分别为 $(W_1-C_1+S, -pF)$。类似地，可以得出农户 1 选择非绿色生产策略，农户 2 选择绿色生产策略时，博弈双方的收益分别为 $-pF$ 和 W_2-C_2+S。根据以上假设，可以得出农户 1 和农户 2 的收益矩阵，如表 6-2 所示：

表 6-2　博弈的收益矩阵（农户 1 和农户 2）

博弈主体及其策略		农户 2	
		绿色生产	传统生产
农户 1	绿色生产	(W_1-C_1, W_2-C_2)	$(W_1-C_1+S, -pF)$
	传统生产	$(-pF, W_2-C_2+S)$	$(0,0)$

2. 演化博弈的均衡解（农户与农户）

由表 6-2 可进一步求出演化博弈模型的均衡解。假设农户 1 采取绿色生产策略的概率为 x，则传统生产策略的概率为 $(1-x)$；假设农户 2 采取绿色生产策略的概率为 y，传统生产策略概率则为 $(1-y)$，x 和 y 的取值范围为 $[0,1]$。

农户 1 从绿色生产获取的收益可以表示为：

$$\pi_1 = y \times (W_1 - C_1) + (1-y) \times (W_1 - C_1 + S) = (W_1 - C_1 + S) - yS$$

$$(6-14)$$

农户 1 选择非绿色生产策略所获的收益为：

$$\pi_2 = y \times (-pF) + (1-y) \times 0 = -ypF \qquad (6-15)$$

因此，农户 1 的平均收益为：

$$\bar{\pi} = x \times \pi_1 + (1-x) \times \pi_2 = x(W_1 - C_1 + S - yS) - (1-x)ypF$$

$$(6-16)$$

农户 1 采取绿色生产策略情景下的方程表示为：

$$F(x) = dx/dt = x(\pi_1 - \bar{\pi}) = x(1-x)(W_1 - C_1 + S - yS + ypF)$$

$$(6-17)$$

农户 2 在绿色生产策略情景下的收益可以表示为:

$$\pi_3 = x \times (W_2 - C_2) + (1 - x) \times (W_2 - C_2 + S) = (W_2 - C_2 + S) - xS$$

$$(6-18)$$

农户 2 在选择非绿色生产策略情景下收益可以表示为:

$$\pi_4 = x \times (- pF) + (1 - x) \times 0 = - xpF \qquad (6-19)$$

相应地,可以计算得到农户 2 的平均收益为:

$$\bar{\pi}' = y \times \pi_3 + (1 - y) \times \pi_4 = y(W_2 - C_2 + S - xS) - (1 - y)xpF$$

$$(6-20)$$

此时,农户 2 采取绿色生产策略的动态方程可以表示为:

$$F(y) = dy/dt = y(\pi_3 - \bar{\pi}') = y(1 - y)(W_2 - C_2 + S - xS + xpF)$$

$$(6-21)$$

$F(x)$ 和 $F(y)$ 表示动态博弈演化轨迹。

进一步地,令 $F(x) = 0$,可得:

$$x = 0, x = 1, y = \frac{W_1 - C_1 + S}{S - pF} \qquad (6-22)$$

令 $F(y) = 0$,可得:

$$y = 0, y = 1, x = \frac{W_2 - C_2 + S}{S - pF} \qquad (6-23)$$

由以上的计算结果,可以得出对应条件下的均衡点。分别对(6-17)和 (6-21)式求偏导,得到雅可比矩阵并得出相应的行列式值和迹。

$$J \begin{pmatrix} \dfrac{\partial F(x)}{\partial x} & \dfrac{\partial F(x)}{\partial y} \\ \dfrac{\partial F(y)}{\partial x} & \dfrac{\partial F(y)}{\partial y} \end{pmatrix} = \begin{pmatrix} (1 - 2x)(W_1 - C_1 + S - yS + ypF) & x(1 - x)(pF - S) \\ y(1 - y)(- pF - S) & 1 - 2y(W_2 - C_2 + S - xS + xpF) \end{pmatrix}$$

$$(6-24)$$

则雅可比矩阵的行列式值和迹可分别表示为:

$$\det(J) = (1 - 2x)(1 - 2y)(W_1 - C_1 + S - yS + ypF)(W_2 - C_2 + S - xS + xpF)$$
$$- xy(1 - x)(1 - y)(pF - S)^2 \tag{6-25}$$

$$tr(J) = (1 - 2x)(W_1 - C_1 + S - yS + ypF) + (1 - 2y)(W_2 - C_2 + S - yS + ypF)$$
$$\tag{6-26}$$

结合雅可比矩阵的行列式值和迹可以判断演化稳定均衡点。

(三)动态演化博弈模型——政府与企业

对于企业而言,参与农业绿色生产需要投入大量资金,且具有一定的风险。因此,企业参与绿色生产同样需要政府的激励与支持。但应该看到,政府过多的激励通常会带来较为沉重的社会负担。接下来本研究试图建立三阶段动态博弈模型,用以探析政府如何权衡在激励与不激励情形下所带来的社会效益与社会成本,以及企业在已知政府决策下的反应。在博弈的第一阶段,由政府从社会效益最大化的目标出发,确定对企业的激励程度 s;博弈的第二阶段是,企业根据政府在第一阶段作出的策略,并考虑利润最大化原则,确定一个最优的参与水平 x;博弈的第三阶段是企业依据其作出的最优参与程度,制定出其所生产秸秆产品的最优价格和最优产量。具体的博弈阶段如表6-3所示:

表6-3　三阶段博弈过程(政府与企业)

博弈阶段	第一阶段	第二阶段	第三阶段
博弈主体	政府	企业	企业
策略选择	激励程度 s	参与程度 x	价格 p 和产量 q
策略目标	社会效益最大化	企业利润最大化	企业利润最大化

1. 三阶段动态博弈模型基本假设(政府和企业)

企业可以在农业绿色发展中提供绿色农产品销售、信息技术等服务。本研究以绿色农产品销售为例,来探讨关于农业绿色生产中政府与企业的策略决策。本研究考虑一个双寡头市场中政府与企业的行为，该市场仅存在两家服务企业，记为企业 1 和企业 2。假设企业 1 不参与农业绿色生产，即企业 1 不提供绿色农产品；企业 2 参与绿色生产，为消费者提供绿色农产品，并假定政府对提供绿色农产品的企业予以一定的补贴。两家企业经营的边际成本分别为 c_1 和 c_2，两家企业的产品供给规模分别记为 q_1 和 q_2，市场定价分别为 p_1 和 p_2。在该博弈中，政府和双寡头企业（企业 1 和企业 2）都遵循理性人假设，但追求的目标存在差别。具体来说，政府追求社会效益最大化，而企业追求自身利益的最大化。

假定最初两家企业都没有提供绿色农产品的行为，即绿色生产的参与程度为 0；但当政府出台政策激励企业进行绿色生产时，假定两家企业作出的反应不同：企业 1 不参与农业绿色生产，而企业 2 积极响应政府号召，加大绿色农产品研发和营销等投入。由于企业 1 没有发生额外投入，因此，企业 1 的边际成本要低于企业 2 的边际成本，即 $c_1 < c_2$，并记 $\Delta c = c_2 - c_1$。基于此，本研究假设企业 1 提供普通的产品，会衍生较高的环境损害，而企业 2 提供绿色农产品，带来较少的污染损害。由于两家企业技术服务价格存在差异，消费者能够轻易辨识出两家企业各自的产品。假定两个企业所提供的农产品是完全替代品，这时消费者对企业 1 和企业 2 的产品购买决策取决于消费者的偏好，即说明偏好低价的消费者会选择企业 1 的普通农产品，而关心环境保护的消费者会倾向于企业 2 的绿色农产品。本研究假定该双寡头垄断市场的容量为 1 且市场总是呈现出出清状态，即 $q_1 + q_2 = 1$。

一般来说，消费者的偏好将会影响企业的决策。假设消费者是理性的，即能够根据自己的偏好选择效用最大化的产品。消费者对绿色农产品的购买意愿为 b，b 的取值范围为 $[b_1, b_2]$，b_1 表示消费者对绿色农产品的购买意愿较低，即消费者倾向于购买企业 1 提供的农产品；b_2 则表示消费者对绿色农产品具有较高的购买意愿，即消费者偏好于购买企业 2 提供的绿色农产品，并假定 b 服从均匀分布，即 $b \sim U(b_1, b_2)$。消费者为购买一单位绿色农产品所愿意支付的金额,简记为消费者绿色农产品边际意愿支付系数 k。如果消费者认为企业 1 和企业 2 所提供的农产品不存在显著差异,则需满足 $p_1 + k(b^* - b_1) = p_2$,则 $b^* = \dfrac{P_2 - P_1}{k} + b_1$。

2. 三阶段动态博弈模型的建立(政府与企业)

基于以上假设,可以认为企业 1 计划的绿色生产参与程度为 0,企业 2 计划的绿色生产参与程度为 x,x 的值越大,表明企业 2 越倾向于参与绿色生产。博弈的第一阶段,政府制定对企业绿色生产的激励程度,即补贴水平,且企业得到的补贴额度 S 与企业的参与程度 x 和政府的激励(补贴)水平 s 有关,即有 $S = s * x * q_2$,当 $s = 0$ 时,$S = 0$,即政府不会对企业进行补贴。

消费者购买企业 1 和企业 2 的技术服务所获得的消费者剩余分别为 V_1 和 V_2,V_1 和 V_2 可表示为:

$$V_1 = \int_{b_1}^{b^*} \frac{k(b - b_1) - p_1}{b_2 - b_1} db = \frac{p_2^2 - 4p_1 p_2 + 3p_1^2}{2k(b_2 - b_1)} \tag{6-27}$$

$$V_2 = \int_{b^*}^{b_2} \frac{k(b - b_1) - p_2}{b_2 - b_1} db = \frac{k(b_2 - b_1)}{2} - p_2 + \frac{p_2^2 - p_1^2}{2k(b_2 - b_1)} \tag{6-28}$$

假设市场对企业 1 生产的技术的需求为 q_1,对企业 2 提供的技术的需求为 q_2,并将总需求记为 1。可分别计算出两家企业产品的需求函数为:

$$q_2 = \int_{b^*}^{b_1} \frac{1}{b_2 - b_1} db = 1 - \frac{p_2 - p_1}{k(b_2 - b_1)} \tag{6-29}$$

$$q_1 = 1 - q_2 = \frac{p_2 - p_1}{k(b_2 - b_1)} \tag{6-30}$$

从而得到企业 1 的利润函数可表示为:

$$\pi_1 = (p_1 - c_1)q_1 \tag{6-31}$$

企业 2 的利润函数表示为:

$$\begin{aligned} \pi_2 &= (p_2 - c_1 - \Delta c)x \cdot q_2 + s \cdot x \cdot q_2 + (p_1 - c_1)(1 - x)q_2 \\ &= (p_2 - p_1 + s - \Delta c)xq_2 + (p_1 - c_1)q_2 \end{aligned} \tag{6-32}$$

在政府考虑社会总效益最大化的条件下,社会总效益可由消费者剩余加上企业利润减去政府补贴得到,具体用公式表示如下:

$$\pi_3 = V_1 + V_2 + \pi_1 + \pi_2 - S \tag{6-33}$$

第二节　多元主体动态分析

一、政府与农户的动态分析

(一)演化博弈均衡解的分析(政府与农户)

本研究分别就不同约束条件下政府与农户演化的均衡点展开讨论:

1. 当 $C_1 - W > S + pF$、$pF + L - C_2 < 0$ 时,在领域 $\{(x,y) \mid 0 \leq x \leq 1, 0 \leq y \leq 1\}$ 内存在 $(0,0)$、$(0,1)$、$(1,0)$ 和 $(1,1)$ 点满足要求,由雅可比矩阵的行列式值和迹,可以判断出 $(0,0)$ 点为演化稳定均衡点,如表6-4所示。

2. 当 $C_1 - W > S + pF$, $pF + L - C_2 > 0$ 时,可以判断出 $(0,1)$ 点为演化稳定均衡点。

3. 当 $0 < C_1 - W < S + pF$, $pF + L - C_2 > 0$ 时,在领域 $\{(x,y) \mid 0 \leq x \leq 1, 0 \leq y \leq 1\}$ 内存在 $(0,0)$、$(0,1)$、$(1,0)$、$(1,1)$ 和点 $(\frac{pF + L - C_2}{pF + S + L}, \frac{C_1 - W}{S + pF})$ 满足要求,记点 $(\frac{pF + L - C_2}{pF + S + L}, \frac{C_1 - W}{S + pF})$ 为 (p^*, q^*),由雅可比矩阵的行列式值和迹,可以判断出此时不存在演化稳定均衡点。

4. 当 $0 < C_1 - W < S + pF$, $pF + L - C_2 < 0$ 时,可以判断出 $(0,0)$ 点为演化稳定均衡点。

5. 当 $C_1 - W < 0$, $pF + L - C_2 > 0$ 时,可以判断出 $(1,0)$ 点为演化稳定均衡点。

6. 当 $C_1 - W < 0$, $pF + L - C_2 < 0$ 时,可以判断出 $(1,0)$ 点为演化稳定均衡点。

表 6-4　博弈中局部均衡点稳定性分析结果（政府与农户）

条件	均衡点	$Det(J)$ 符号	$tr(J)$ 符号	结果
$C_1 - W > S + pF$, $pF + L - C_2 < 0$	$(0,0)$	$+$	$-$	稳定
	$(0,1)$	$-$	不确定	不稳定
	$(1,0)$	$-$	不确定	不稳定
	$(1,1)$	$+$	$+$	不稳定
$C_1 - W > S + pF$, $pF + L - C_2 > 0$	$(0,0)$	$-$	不确定	不稳定
	$(0,1)$	$+$	$-$	稳定
	$(1,0)$	$-$	不确定	不稳定
	$(1,1)$	$+$	$+$	不稳定
$0 < C_1 - W < S + pF$, $pF + L - C_2 > 0$	$(0,0)$	$-$	不确定	不稳定
	$(0,1)$	$-$	不确定	不稳定
	$(1,0)$	$-$	不确定	不稳定
	$(1,1)$	$-$	$+$	鞍点
	(p^*, q^*)	$+$	0	鞍点
$0 < C_1 - W < S + pF$, $pF + L - C_2 < 0$	$(0,0)$	$+$	$-$	稳定
	$(0,1)$	$+$	$+$	不稳定
	$(1,0)$	$+$	$+$	不稳定
	$(1,1)$	$-$	不确定	不稳定
$C_1 - W < 0$, $pF + L - C_2 > 0$	$(0,0)$	$+$	$+$	不稳定
	$(0,1)$	$-$	不确定	不稳定
	$(1,0)$	$+$	$-$	稳定
	$(1,1)$	$-$	不确定	不稳定
$C_1 - W < 0$, $pF + L - C_2 < 0$	$(0,0)$	$-$	不确定	不稳定
	$(0,1)$	$+$	$+$	不稳定
	(1.0)	$+$	$-$	稳定
	$(1,1)$	$-$	不确定	不稳定

（二）演化博弈的仿真模拟（政府与农户）

本研究进一步运用数值仿真方法探讨出农户农业绿色生产成本 C_1、政府惩罚额度 F 以及农户受到惩罚的概率 p 对演化博弈结果的影响。假设政府干预农户行为的成本 C_2 的取值范围为 $[0,10]$，F 的取值范围为 $[0,10]$，p 的取值范围为 $[0,1]$，政府补贴 S 的取值范围为 $[0,5]$，环境损失 L 的取值范围为 $[0,5]$，C_1 的取值范围为 $[0,10]$，农户采取绿色生产策略所获得的收益 W 的取值范围为 $[0,5]$。

1. 政府成本和农户成本变化对结果的影响

此时可以区分如下两类情景：第一类高农户绿色生产成本，假设 $C_1 = 10$；第二类是低农户绿色生产成本情景，假设 $C_1 = 0$。当政府干预成本较高时，其倾向于不干预农户行为，反之则反是。假设农户绿色生产所获得的收益 $W = 2$，$p = 0.5$，L 和 F 的取值均为 2。图 6-1 分别描绘了政府成本较高或较低、农户成本较高或较低情景下，农户策略选择的动态演化过程。

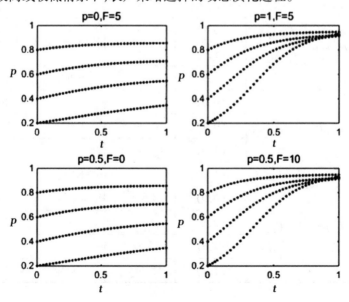

图 6-1　政府干预成本与农户生产成本对结果的影响

由图 6-1 的仿真结果,我们可以发现,当农户参与成本较高($C_1 = 10$)时,尽管处于较低的政府干预成本情景中,农户决策行为随着时间的变化仍趋向采取传统生产策略;当农户参与成本较低($C_1 = 0$)时,即便政府未施加干预($C_2 = 10$),农户也会自发地参与绿色生产。此时,如果政府加以干预($C_2 = 0$),虽然会加快农户决策收敛于 1 的速度,但会带来额外的社会成本,导致社会总福利受损。最后,当农户和政府的成本都较高时,农户的决策会迅速收敛为 0,从而导致农业绿色生产政策失效。

2. 政府惩罚额度 F 和农户受政府惩罚概率 p 对结果的影响

假设 $C_1 = 2$,假设农户资源化利用所获得的收益 $W = 2$,假定政府监督成本 C_2 和政府环境损失 L 均取值为 2;假定 C_2 和 L 均取值为 2,图 6-2 描绘了农户策略选择的动态演化过程。

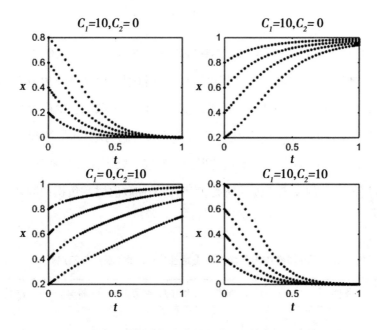

图 6-2 政府罚款额度与农户受政府惩罚概率对结果的影响

图 6-2 的结果表明,政府罚款额度与农户受政府惩罚概率的提高将会显著促进农户进行绿色生产,并且由于监管成本过高而导致政府监管力度不足

时,农户进行非绿色生产所受到政府惩罚的力度不够,政府可以通过提高罚款额度来促使农户相信选择非绿色化生产策略会面对政府高额的罚款,从而加快农户策略调整进程,实现农业生产绿色转型。

二、农户与农户之间的动态分析

(一)演化博弈均衡解的分析(农户与农户)

本研究分别就如下不同约束条件下农户与农户之间的均衡点展开讨论(见表6-5)。

1.当 $S-pF>0$ 时,即政府补贴力度大于惩罚力度,也即政府会增加额外的财政支出以激励农户进行农业绿色生产。有以下几种情形:

2.当 $\dfrac{W_i-C_i+S}{S-pF}>1$, $i=1,2$, 即 $W_i+pF-C_i>0$。在领域 $\{(x,y)\mid 0\leqslant x\leqslant 1,0\leqslant y\leqslant 1\}$ 内存在四个点满足要求,即$(0,0)$、$(0,1)$、$(1,0)$和$(1,1)$。将这些点代入雅可比矩阵的行列式值和迹可以判断出$(1,1)$为稳定点。它表明,当政府补贴 $S>pF$,当农户采取绿色生产决策的成本 C_i 小于农户获得的收益与传统生产所面临的政府惩罚之和时,博弈双方都将选择绿色生产策略,且稳定均衡点的形成与政府补贴 S 无关。另外,在上述条件下,政府的补贴额度高于惩罚所得,表明会增加政府财政负担和额外的社会成本。

表6-5 博弈中局部均衡点稳定性分析结果(农户与农户)

条件	均衡点	$Det(J)$ 符号	$tr(J)$ 符号	结果
$W_i+pF-C_i>0, i=1$ 或 2	$(0,0)$	+	+	不稳定
	$(0,1)$	−	不确定	不稳定
	$(1,0)$	−	不确定	不稳定
	$(1,1)$	+	−	稳定

条件	均衡点	$Det(J)$ 符号	$tr(J)$ 符号	结果
$0 \leqslant W_i + S - C_i < S - pF$, $i =$ 1 或 2	$(0,0)$	+	+	不稳定
	$(0,1)$	+	不确定	不稳定
	$(1,0)$	+	不确定	不稳定
	$(1,1)$	+	+	不稳定
	(p^*, q^*)	+	0	鞍点
$W_i + S - C_i < 0$, $i = 1$ 或 2	$(0,0)$	+	−	稳定
	$(0,1)$	−	不确定	不稳定
	$(1,0)$	−	不确定	不稳定
	$(1,1)$	+	+	不稳定

3. 当 $0 \leqslant W_i + S - C_i < S - pF$ 时，$i = 1$ 或 2。此时，在领域 $\{(x,y) \mid 0 \leqslant x \leqslant 1, 0 \leqslant y \leqslant 1\}$ 内存在 5 个均衡点，即 $(0,0)$、$(0,1)$、$(1,0)$、$(1,1)$ 和 $(\frac{W_1 - C_1 + S}{S - pF}, \frac{W_2 - C_2 + S}{S - pF})$，简记为 (p^*, q^*)。由约束条件知，$W_i + S - C_i < 0$，当政府惩罚不变时，补贴 S 越小，p^* 和 q^* 的值越小，即政府补贴越少，农户选择绿色生产策略的概率越低。

4. 当 $W_i + S - C_i < 0$，$i = 1$ 或 2 时，在领域 $\{(x,y) \mid 0 \leqslant x \leqslant 1, 0 \leqslant y \leqslant 1\}$ 内可确定 $(0,0)$ 为稳态均衡点。这表明，当政府激励相对不足时，农户不会选择绿色生产策略，因为该策略相对于非绿色生产策略来说是劣势策略。

5. 当 $S - pF < 0$ 时，即政府惩罚力度远远大于补贴力度。此时，情形与 $S - pF > 0$ 时类似。

（二）演化博弈的数值分析（农户与农户）

沿用假设农户绿色生产参与成本 C_1 和 C_2 的取值范围为 $[0,10]$，农户采取绿色生产行为所获得的收益 W 的取值范围为 $[0,5]$；政府惩罚 F 的取值范围为 $[0,10]$，农户受到惩罚的概率 p 的取值范围为 $[0,1]$，政府补贴 S 的取值范围为 $[0,5]$。假设博弈矩阵中农户 1 和农户 2 的基本参数的取值范围保持一致。基于以上假设,分别讨论不同情景下农户参与绿色生产策略选择的动态演化过程①。

同样地,当农户绿色生产的参与成本较高,如 $C_1 = 10$,农户获得负收益;当农户绿色生产的参与成本较低,农户容易获得正的收益。假设农户绿色生产所获得的收益 $W_1 = W_2 = 2$,农户受到惩罚的概率 $p = 0.5$,政府罚款额度 F 取值为2。图6-3描绘了农户1的策略选择随时间 t 变动的动态演化轨迹。

结果表明,当农户绿色生产成本较高,即便政府给予较多补贴($S = 5$, $C_1 = 10$),农户绿色生产水平随着时间 t 的变化逐渐降低,直至收敛于0,即农户选择非绿色生产策略;当农户绿色生产成本较低($S = 0$, $C_1 = 0$)时,即便政府未给予额外的激励,农户策略也会随着时间 t 的变化而收敛于1,即选择绿色生产策略。另外,较低的政府补贴虽然不能改变成本较高下农户的决策,但加速了成本较低时农户选择绿色生产策略的进程。值得注意的是,当政府补贴、参与成本以及收益都为0时,农户将维持原有策略,即对参与绿色生产保持观望态度。

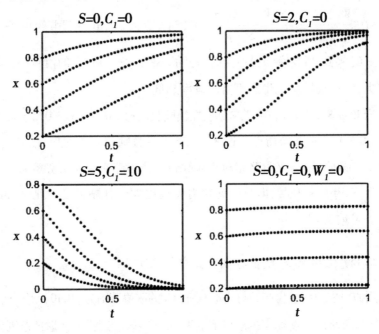

图6-3 政府补贴变化对演化结果的影响

---

① 本研究仅考虑农户1在不同情景下的策略选择,农户2与之类似,不再细述。

三、政府与企业的动态分析

(一)三阶段动态博弈模型分析(政府与企业)

基于上述分析,本研究采用逆向归纳法求出政府与企业在各阶段的最优策略,具体求解过程如下:

1. 第三阶段:企业产品最优价格和最优产量的选择

在双寡头市场中,企业根据利润最大化原则确定最优价格和最优产量。企业1的最大化利润函数为:

$$\max_{p_1}\pi_1 = (p_1 - c_1)q_1 \tag{6-34}$$

企业2的最大化利润函数为:

$$\max_{p_2}\pi_2 = (p_2 - p_1 + s - \Delta c)xq_2 + (p_1 - c_1)q_2 \tag{6-35}$$

将式(6-29)和式(6-30)分别代入式(6-34)和式(6-35),并分别对 p_1 和 p_2 求偏导,并令 $\dfrac{\partial \pi_1}{\partial p_1} = 0, \dfrac{\partial \pi_2}{\partial p_2} = 0$ 可得:

$$p_1 = \frac{p_2 + c_1}{2} \tag{6-36}$$

$$p_2 = \frac{xk(b_2 - b_1) + x(2p_1 - s + \Delta c) - p_1 + c_1}{2x} \tag{6-37}$$

联立式(6-36)和式(6-37),求出 $p_1{}^*$ 和 $p_2{}^*$ 分别为:

$$p_1{}^* = \frac{xk(b_2 - b_1) + 2c_1 x + x(\Delta c - s) + c_1}{2x + 1} \tag{6-38}$$

$$p_2{}^* = \frac{2xk(b_2 - b_1) + 2c_1 x + 2x(\Delta c - s) + c_1}{2x + 1} \tag{6-39}$$

将式(6-38)和式(6-39)分别代入式(6-29)和式(6-30),可得出最优产量 $q_1{}^*$ 和 $q_2{}^*$:

$$q_1{}^* = \frac{x[k(b_2 - b_1) + \Delta c - s]}{2k(b_2 - b_1)(2x + 1)} \tag{6-40}$$

$$q_2^* = 1 - \frac{x[k(b_2 - b_1) + \Delta c - s]}{2k(b_2 - b_1)(2x + 1)} \tag{6-41}$$

2. 第二阶段:企业最优参与程度的确定

第三阶段确定的均衡解$(p_1^*, p_2^*, q_1^*, q_2^*)$是一个子博弈精炼纳什均衡解(Sub-game perfect Nash equilibrium, SPNE),代入式(6-31)和式(6-32),可求出最大利润π_1^*和π_2^*:

$$\pi_1^* = (p_1^* - c_1)q_1^* \tag{6-42}$$

$$\pi_2^* = (p_2^* - p_1^* + s - \Delta c)xq_2^* + (p_1^* - c_1)q_2^* \tag{6-43}$$

对式(6-43)求偏导,并令$\dfrac{\partial \pi_2^*}{\partial x} = 0$,求出最优企业秸秆资源化参与程度$x^*$。

3. 第一阶段:政府最优补贴水平 s^* 的确定

由第二阶段求解出的企业最优参与程度x^*可求得最大化社会效用水平π_3^*:

$$\pi_3^* = V_1^* + V_2^* + \pi_1^* + \pi_2^* - S^* \tag{6-44}$$

式(6-44)中,对s求偏导,并令$\dfrac{\partial \pi_3^*}{\partial s} = 0$,可得政府最优补贴水平$s^*$。

根据以上求解过程,得出以下几点结论:

第一,当$x \neq 0, s = 0$时,可知$p_1^* < p_2^*$。这说明,在绿色生产过程中,政府如果不采取激励措施,企业1由于具有价格优势,不会参与绿色生产。企业2参与绿色生产带来更高的边际成本,产品在市场中的定价必然高于企业1的产品,缺乏市场竞争优势,最终迫使企业2放弃参与绿色生产——政府农业绿色生产政策失效。

第二,政府的补贴会产生溢出效应。当政府补贴水平s越高时,企业产品价格越低。尽管政府只对参与绿色生产的企业2予以补贴,其在降低企业2产品市场价格的同时,通过市场竞争机制降低了企业1产品的市场价格,即产生了溢出效应。另外,当政府补贴水平扩大时,企业2和企业1产品的市场价格差距将会逐渐缩小。最终,企业1依托价格优势来增加市场份额的策略失效。

第三,政府补贴对企业产品结构调整具有促进作用。式(6-41)和式(6-42)分别对 s 求偏导得:

$$\frac{\partial q_1^*}{\partial s} = -\frac{x}{2k(b_2 - b_1)(2x + 1)} < 0 \qquad (6\text{-}45)$$

$$\frac{\partial q_2^*}{\partial s} = \frac{x}{2k(b_2 - b_1)(2x + 1)} > 0 \qquad (6\text{-}46)$$

由式(6-45)和式(6-46)可知,当政府补贴力度加大时,企业1生产的产品数量 q_1^* 将随之降低,而企业2生产的产品数量 q_2^* 随之增加。这表明,政府补贴会对企业绿色生产产生显著的激励作用,由此能够促使企业调整产品结构。

(二)三阶段动态博弈的数值仿真(政府与企业)

上述三阶段动态博弈求解过程,虽然从理论角度求解出企业层面的最优产量、最优市场价格和最优农业绿色生产参与程度,以及政府层面的最优激励程度,但并未给出全部的解析解。因此,为进一步研究政府策略与企业策略之间的关系,以及对各自目标产生的影响,本研究对上文推导过程及得出的结果进行数值分析,以更加直观地验证政府与企业之间的关系。

在进行数值仿真之前,本研究对部分参数设定参数取值范围。假设企业1提供普通农产品的边际成本 $C_1 = 0.5$,企业2提供绿色农产品所需的边际成本 $C_2 = 0.7$,因此 $\Delta c = 0.2$。消费者对绿色农产品的购买意愿 b 的取值范围为 $[0,1]$、边际意愿支付系数 k 的取值范围为 $[0,5]$,在仿真模拟中,取值为0.2;政府激励(补贴)程度 s 的取值范围为 $[0,0.5]$,企业2绿色生产参与程度 x 的取值范围为 $[0,1]$。具体参数取值范围如表6-6所示。

表6-6　三阶段动态博弈模型中各参数取值范围的设定(政府与企业)

参数名称	取值范围
企业 1 边际成本 c_1	0.5
企业 2 边际成本 c_2	0.7
消费者绿色农产品购买意愿 b	$[0,1]$
消费者绿色农产品边际意愿支付系数 k	$[0,0.5]$
企业 2 绿色生产参与程度 x	$[0,1]$
政府激励程度 s	$[0,1]$

1. 政府激励程度变化对结果的影响

假设企业 2 绿色生产参与程度 x 取 0.5,消费者绿色农产品边际意愿支付系数 k 的取值为 0.2,通过仿真政府激励程度的变动,以探究其对价格、产量和利润的影响,如图 6-4 所示。可以发现,一方面,随着政府激励程度的增加,企业 1 和企业 2 的价格逐渐下降,但企业 2 产品市场价格下降的速度明显快于企业 1,并最终低于企业 1,这表明企业 1 产品的价格优势逐渐丧失。另一方面,就产量而言,企业 2 的产品数量逐渐增加,而企业 1 的产品数量逐渐下降。这说明,政府的激励措施有效地发挥了预期的效果,激励了企业参与绿色生产。但同时我们也可以看到,尽管企业 1 和企业 2 的利润都有所上升,但社会总效益却随着政府激励程度的提高,而逐渐下降。这说明,过度的激励措施,将加重社会的负担,造成社会总福利的损失。

2. 消费者绿色农产品边际意愿支付系数变化对结果的影响

假设企业 2 绿色生产参与程度 x 取 0.5,政府激励程度 s 取值为 0.2,通过仿真消费者绿色农产品边际意愿支付系数 k 的变动,以探究其对价格、产量和利润的影响。由图 6-5 可知,一方面,消费者绿色农产品边际意愿支付系数的增加将显著提高企业 2 产品的价格并增加其市场份额,而利润也将随之增加;另一方面,尽管企业 1 产品的价格也有所上升,但其市场份额却相对下降

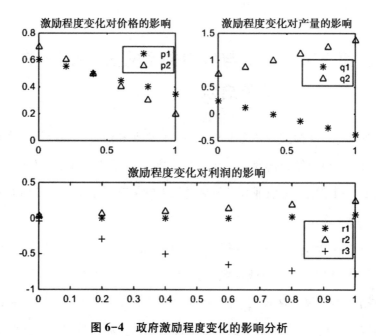

图 6-4   政府激励程度变化的影响分析

了,因此其利润处于递减趋势。值得一提的是,消费者绿色农产品边际意愿支付系数的提高,也促进了整个社会福利的增加。

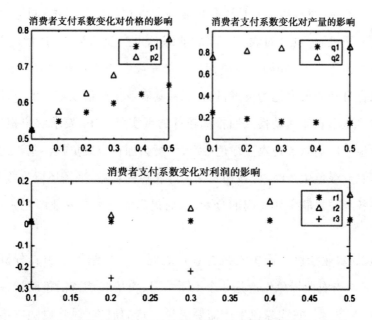

图 6-5   消费者绿色农产品边际意愿支付系数变动的影响分析

第三节　政府与农户关系的研究结论与
政策启示

农业绿色发展模式构建需要政府、农户、企业和消费者等相关利益主体的协同参与。本研究结合博弈理论和仿真分析方法,探析了政府、农户、企业和消费者多元利益主体在农业绿色发展情景下的策略。本研究得出如下三方面的结论及政策启示。

第一,农业绿色生产中政府与农户的分析结果及仿真分析表明:(1)农业绿色生产的参与成本与政府激励的高低将显著影响最终结果,但二者的作用机制并不一致。从长期来看,由于一切生产要素都可以调整,企业与农户参与农业绿色生产的成本也随之降低。因此无需政府补贴,企业与农户也会主动参与到农业绿色生产过程中。但在短期,由于技术进步不明显,企业与农户的参与成本无法在短时间内自行降低。因此,政府的激励机制将能够发挥作用,通过给予补贴以降低企业与农户的参与成本;同样地,政府恰当的惩罚机制,也会对农户参与农业绿色生产起到类似的"激励"效果。农户在这种情况下,其最优策略回应只能是参与农业绿色生产。(2)理想农户以自身利益最大化为决策目标,忽视其农业生产活动带来的负外部性。但在农户从事农业活动投入回报率较低的现实条件下,要求农户担负额外的农业生产成本以实现农业绿色生产,无疑会加重农民负担。基于此,政府在促进农业绿色生产时,应该切实保护好农户的利益,平衡环境收益和环境成本在各利益关联主体之间的分配,从而提高农户参与农业绿色生产的积极性。

第二,农业绿色生产中农户与农户之间的分析结果及仿真分析表明:(1)农户参与农业绿色生产是一个不断学习、模仿和调整的策略选择过程。一方面,农户参与农业绿色生产需要支付一定的成本,风险也随之增大;另一方面,大多数农户具有法不责众的心理,在农业生产中容易产生"搭便车"行为。因此,在收益信息不明确的条件下,即便是政府加大监管力度,农户也不会积极参与农业绿色生产。(2)农户之间的策略选择互相作用、互相影响。通过农户间的分析结果可以看出,农户参与农业绿色生产的行为会受到其他农户影响的同时也会对其他农户的策略选择产生影响。因此,政府在促进农业绿色生产的过程中应该充分考虑农户之间的学习、模仿效应,鼓励一部分有能力的农户率先参与农业绿色生产,从而产生示范效应。(3)农业绿色生产过程中,需要协调好"个人利益"与"集体利益"之间的关系。在农业绿色生产过程中,农户的"个人利益"与政府"集体利益"存在一定的矛盾性。而解决二者之间矛盾的关键在于加强政府与农户之间的合作,即政府需要保障农户参与农业绿色生产的收益,并促进环境收益在不同主体之间的公平分配;而农户则需要积极转变生产经营理念,增强环境保护意识。

第三,农业绿色生产中政府与企业的分析结果及仿真分析显示:(1)政府的积极行动,会加快企业参与农业绿色生产进程,但过多的政府参与往往会增加社会负担。从短期来看,企业参与农业绿色生产需要增加额外的投入。在政府激励机制匮乏的前提下,企业自然缺乏参与动力。这表明,政府在农业绿色生产中的作用无可替代,是农业绿色发展的重要保障。但应当要注意的是,政府不合理补贴会扰乱市场秩序,并且过度的补贴也会加重政府财政负担,损害社会总效益,进而不利于农业绿色生产的进一步发展。因此,政府应该审慎选择激励措施,制定合理的补贴水平,从而发挥真正的激励作用。(2)政府采用补贴等激励措施,能够有效督促企业参与农业绿色生产。政府补贴可以有效减少企业参与农业绿色生产的成本,降低提供绿色农产品企业的产品市场价格,有助其市场份额和利润的增加,由此可能带动更多的企业积极谋求生产方式转型,并参与到农业绿色生产之中。(3)消费者对绿色产品的支付意愿会影响企业农业绿色生产参与决策。尽管消费者并不是政府与企业进行决策时的参与人,但消费者对绿色产品的偏好必然会增加绿色产品的需求,从而推动企业从事与农业绿色生产有关的产品或服务。因此,政府在督促企业参与农业绿色生产的过程中,可以从消费者需求角度考虑,鼓励消费者购买绿色农产品,利用需求带动企业参与农业绿色生产。

第七章　基于农地规模经营推动多元利益主体实施绿色发展模式

2023 年中央一号文件针对推进农业绿色发展提出多项举措,例如,"加快农业投入品减量增效技术推广应用,推进水肥一体化,建立健全秸秆、农膜、农药包装废弃物、畜禽粪污等农业废弃物收集利用处理体系。推进农业绿色发展先行区和观测试验基地建设。健全耕地休耕轮作制度。加强农用地土壤镉等重金属污染源头防治"[①]。

党的二十大报告和近些年中央一号文件持续关注农业绿色生产发展,农业绿色生产发展是一个综合性的概念,在实际农业生产过程中,包括农药、化肥等农业化学品的减量使用,有机肥、生物农药等新型技术的不断推广,农膜、秸秆、畜禽粪便的重复利用等方面。农户是进行农业绿色生产的重要执行主体,因而考察农户的绿色生产行为十分必要,而考虑到农业绿色生产涉及的技术门类众多,通过参考相关研究资料,本研究引入免耕直播、施用有机肥、使用生物农药、秸秆资源化利用这 4 项比较具有代表性的技术措施,用以衡量农户的绿色生产行为。

农户作为中国农业生产经营的主体,促进农户对绿色生产措施的采纳是

---

① 《中共中央　国务院关于做好 2023 年全面推进乡村振兴重点工作的意见》,人民出版社 2023 年版,第 7—8 页。

实现农业绿色生产的根本举措。综合已有研究可以发现,当前对于农户绿色生产措施采纳的行为动因主要包括四个方面:一是农户个人特征方面,性别、年龄、种植年限、家庭农业劳动力转移、受教育程度、农业收入占比、生产经营目标、化肥施用的认知水平以及过量施肥危害的认知水平(徐卫涛等,2010[①];黄俊,2016[②];李昊等,2022[③];王建华等,2023[④])。二是农业组织方面,加入合作社、农业企业等组织的农户更倾向于实施绿色生产行为,其原因在于产业组织可有效提高农户的组织化程度,进而有利于标准化农业生产,从而有利于促进农户绿色施肥行为(刘峥,2011[⑤])。三是市场环境方面,研究指出,化肥、农药等农资的宣传和价格等是影响农户生产行为决策的重要因素(王建华等,2016[⑥])。另外,市场体系的不完全会影响农产品质量信息的传递,导致农户产生机会主义行为(王华书、徐翔,2004[⑦])。四是国家政策方面,政府提供的技术培训、弹性税收、有机肥补贴、农产品认证补贴、农产品检测和安全监管以及相关法律法规、生产标准等措施均有利于提高农业绿色生产水平。

在实践运行层面,大量研究认为,基于土地流转与整合的适度规模经营是实现农业绿色生产、提高农业经营主体绿色生产行为的重要路径,农地经营规模的扩大可以带来农业生产在运行效率、信息获取、技术推广等方面的改进

① 徐卫涛、张俊飚、李树明、周万柳:《循环农业中的农户减量化投入行为分析——基于晋、鲁、鄂三省的化肥投入调查》,《资源科学》2010年第12期。
② 黄俊:《非农就业、种植规模与化肥施用》,南京农业大学硕士学位论文,2016年。
③ 李昊、银敏华、马彦麟、康燕霞、贾琼、齐广平、汪精海:《种植规模与细碎化对小农户耕地质量保护行为的影响——以蔬菜种植中农药、化肥施用为例》,《中国土地科学》2022年第7期。
④ 王建华、钭露露、马玲:《农户融入农业绿色生产转型的驱动机制分析——以农户农业废弃物资源化利用为例》,《南京农业大学学报(社会科学版)》2023年第5期。
⑤ 刘峥:《组织化管理、技术性贸易壁垒与农产品质量安全——基于浙江临海西兰花产业的分析》,《财贸研究》2011年第3期。
⑥ 王建华、钭露露、马玲:《农户融入农业绿色生产转型的驱动机制分析——以农户农业废弃物资源化利用为例》,《南京农业大学学报(社会科学版)》2023年第5期。
⑦ 王华书、徐翔:《微观行为与农产品安全——对农户生产与居民消费的分析》,《南京农业大学学报(社会科学版)》2004年第1期。

（刘乐等，2017①；李昊等，2022②），从而促进农户绿色生产技术措施采纳。但值得注意的是，已有研究多侧重于研究农地经营规模扩大是否有利于农户进行绿色生产，但未能打开农地规模经营影响农业绿色生产的黑箱，即对路径机制进行充分的讨论，从而缺乏对影响机制的剖析和农地经营规模影响农户绿色生产行为的深入探讨。据此，本研究以云南、湖北、江苏三省的水稻种植样本农户为研究对象，在对微观层面绿色生产行为及其一般化规律进行测度的基础上，深入剖析农地规模经营对农户绿色生产行为的影响机理，并进行实证检验。由此，系统揭示出农地规模经营促进农业绿色发展的路径机制，为减少农业面源污染、促进农业高质量发展提供决策参考。

第一节　土地规模经营对农户绿色生产行为的影响机理

2014 年中央印发《关于引导农村土地经营权有序流转发展农业适度规模经营的意见》，明确指出土地流转和适度规模经营有利于促进农业技术推广应用和农业增效、农民增收。要求合理确定土地经营规模，发展多种形式农业适度规模经营。可见，农地规模经营被视为促进农业绿色生产、高质量发展的重要举措。农地规模经营对农户绿色生产行为的影响机制如下所述。

一、农地规模经营的直接绿色生产效应

由于既有农村土地制度致使土地呈现小规模、细碎化这两个典型特征

---

① 刘乐、张娇、张崇尚：《经营规模的扩大有助于农户采取环境友好型生产行为吗：以秸秆还田为例》，《农业技术经济》2017 年第 5 期。
② 李昊、银敏华、马彦麟、康燕霞、贾琼、齐广平、汪精海：《种植规模与细碎化对小农户耕地质量保护行为的影响——以蔬菜种植中农药、化肥施用为例》，《中国土地科学》2022 年第 7 期。

（李昊等，2022①）。鉴于此，政府通过农地确权颁证，来明晰农户的农地经营权，促进土地交易市场发育，推动土地经营权的流转集中（罗必良，2019②）。而受搜寻成本和谈判成本等交易成本降低的驱动，具备农业生产能力优势的农户，就可能通过农地交易市场扩大经营规模，获得生产的规模经济性（罗必良，2020③），这既包括生产成本的规模经济性，亦包括交易费用的降低。而农户土地经营规模的变动又会带动其关联要素投入决策的改变。具体而言，依托土地流转而形成的农地经营规模的扩大可通过引入机械型资本和引入新技术，进而使有经营能力优势的农户主动参与农业绿色生产。

第一，通过引入机械促进农户绿色生产行为。土地流转集中而形成的规模化经营将降低农业机械使用成本、提高机械作业效率，同时在家庭劳动力与农地经营规模不匹配和农村劳动力大量转移的背景下，机械投入与劳动投入的边际替代出现变化即劳动成本的单位边际产出量下降，机械作业成本的单位边际产出量上升。因此，理性农户会减少劳动投入，增加机械化程度。机械化程度的提高一方面有助于农户采用免耕直播、机械施肥、机械施药等绿色生产方式；另一方面机械化作为新技术载体，能够将前沿科学技术引入农业生产过程中（胡祎、张正河，2018④）。例如，在施肥环节，相较于人工施肥，运用施肥机等小型机械开展生产作业能有效提高化肥利用效率（李军，2014⑤）。其原因在于：人工施肥的用量总体变异性大，且可能存在单位作业时间和单位作业面积的不均匀性，继而造成肥效的损失；机械化施肥在时间和空间维度的用量都

---

① 李昊、银敏华、马彦麟、康燕霞、贾琼、齐广平、汪精海：《种植规模与细碎化对小农户耕地质量保护行为的影响——以蔬菜种植中农药、化肥施用为例》，《中国土地科学》2022 年第 7 期。

② 罗必良：《从产权界定到产权实施——中国土地经营制度变革的过去与未来》，《农业经济问题》2019 年第 1 期。

③ 罗必良：《要素交易、契约匹配及其组织化——"绿能模式"对中国现代农业发展路径选择的启示》，《开放时代》2020 年第 3 期。

④ 胡祎、张正河：《农机服务对小麦生产技术效率有影响吗？》，《中国农村经济》2018 年第 5 期。

⑤ 李军：《机械深松对农业粮食增产的必要性探析》，《农机使用与维修》2014 年第 5 期。

更为固定,通常表现出更高的规范性。在病虫害防治环节,相较于人工喷洒,无人机喷洒药物的单位空间剂量更加匀称,此外,大面积的整体防治可有效规避害虫在田块间往返转移的风险,更有利于病虫害的防治(胡祎、张正河,2018①)。因此,当使用先进农业机械设备进行农业生产时,可间接带来生产技术的进步。

第二,通过引入新技术促进农户绿色生产行为。因新技术的推广应用存在农地经营规模门槛,否则新技术引进的成本无法得到有效分摊,且新技术引进的风险可能会进一步固化小规模农户的行为惯性影响(宋浩楠等,2021②)。因此,开展农地规模经营的农户,具有更强的行为驱动力来采纳新技术(如测土配方肥技术)(张露等,2021③)。其机理在于:可根据作物需肥规律、土壤供肥性能和肥料理化效应,规定氮、磷、钾等的施用品种、数量、时期和方法,由此调整施肥的结构,避免过量施肥造成的低效率问题(孙杰等,2019④)。

二、农地规模经营的间接绿色生产效应

适度开展农地规模经营既能够突破服务采纳的规模门槛约束,使得农户能够分享分工的规模经济性;又有助于生成充分规模的市场容量,促使服务市场的繁荣,服务供给主体出于节约成本、响应绿色政策号召(张露、罗必良,2019⑤)、积累市场声誉(费显政等,2010⑥)、绿色农产品认证(严功岸等,

---

① 胡祎、张正河:《农机服务对小麦生产技术效率有影响吗?》,《中国农村经济》2018 年第 5 期。

② 宋浩楠、栾敬东、张士云、江激宇:《土地细碎化、多样化种植与农业生产技术效率——基于随机前沿生产函数和中介效应模型的实证研究》,《农业技术经济》2021 年第 2 期。

③ 张露、梁志会、普雁翔:《长江经济带测土配方施肥技术效果及其改进——基于滇、鄂、苏三省水稻种植的实证分析》,《华中农业大学学报》2021 年第 3 期。

④ 孙杰、周力、应瑞瑶:《精准农业技术扩散机制与政策研究——以测土配方施肥技术为例》,《中国农村经济》2019 年第 12 期。

⑤ 张露、罗必良:《农业减量化及其路径选择:来自绿能公司的证据》,《农村经济》2019 年第 10 期。

⑥ 费显政、李陈微、周舒华:《一损俱损还是因祸得福?——企业社会责任声誉溢出效应研究》,《管理世界》2010 年第 4 期。

2019①)等原因,能够促使农户通过采纳服务实现绿色生产。从服务供给角度看,社会化服务经营主体主要包括从事技术推广服务的政府组织、以企业形式存在的商业社会化服务组织、由农户自发形成的农村合作社3类。

第一类是政府社会化服务组织,为实施政府农业政策而设立的机构,具有一定公益性和权威性。凭借公益性特点,使得部分小农户能够零门槛参与到绿色生产中。资源整合方面,政府社会化服务组织能够整合体制内、外资源,统筹购置农业生产机械,有效组织动员村民代表开展示范绿色种植,进而激活服务动能(钟丽娜等,2021②);技术推广方面,政府社会化服务组织可提供定期免费的绿色生产技术指导,建设有效的新观念传播渠道,提升农户绿色认知深度与广度,进而提高绿色生产技术的可实施性;政策补贴方面,政府社会化服务组织能够通过对农户绿色生产给予补贴或政策支持,从而促进农户进行绿色生产。

第二类是商业社会化服务组织,为农业和农民服务的第三产业组织,这类组织由市场主导,具有一定市场竞争性。商业社会化服务组织负责连接农产品消费端和生产端,更好地保证绿色农产品质量。销售层面,研究指出农户并非不愿生产绿色产品,而是其生产的绿色产品没有稳定的销售渠道,致使出现绿色产品卖不出绿色价格的窘境(石志恒、符越,2022③)。为解决此类现实问题,有学者认为,"龙头企业+小农户"能够降低组织和交易成本,即商业社会化服务组织通过与农户签订合约能够解决农户经济利益诉求,同时避免农户所面临的自然与市场风险;生产层面,商业社会化服务组织,统一向农户提供

---

① 严功岸、刘瑞峰、马恒运:《为什么要保护绿色认证生产者的利益——来自河南西峡猕猴桃的证据》,《农业技术经济》2019年第6期。

② 钟丽娜、吴惠芳、梁栋:《集体统筹:小农户与现代农业有机衔接的组织化路径——黑龙江省K村村集体土地规模经营实践的启示》,《南京农业大学学报(社会科学版)》2021年第2期。

③ 石志恒、符越:《农业社会化服务组织、土地规模和农户绿色生产意愿与行为的悖离》,《中国农业大学学报》2022年第3期。

绿色生产要素以及整地、插秧、施肥、施药、收割、还田等一系列绿色生产技术，间接促进农户的绿色生产行为。此外，商业社会化服务组织出于维护声誉，会实行监督功能，即在生产中定期核实农户绿色生产实况，产后采用仪器检验农产品是否达到绿色标准，这种高标准、严要求的操作致使农户为迎合市场优质农产品需求和企业检验标准可能会"被迫"选择更加绿色的生产方式（石志恒、符越，2022①）。

第三类是由农户自发形成的农村合作社。与政府、商业社会化服务组织不同，农村合作社可充分表达社员的利益和意愿，具有自发性和合作性，通过农村合作社的自发性与合作性能有效规避农户在采纳绿色生产技术过程中的风险，使农户自愿、主动采纳绿色生产行为。具体而言，生产物资层面，社员通过合作社统一分发无公害的农药、有机肥等绿色农资；技术引导层面，合作社提供统一播种、施肥、处理地膜等服务，从而有效引导入社农户参与绿色生产。此外，在精英示范和绿色信息传播层面，一方面社内村干部和专业大户的模范作用，能够促使农户采纳绿色生产行为；另一方面农村合作社的集体性解决了当前农业技术信息不对称问题，绿色技术在社员间加速扩散有利于农户进行绿色生产。

基于以上分析可知，农地规模经营既可通过直接提升机械化程度与技术进步，实现绿色生产；亦可通过突破服务采纳的规模门槛约束，促进农业社会化服务组织发展，进而间接促进农户采纳绿色生产行为。

三、数据与方法

本研究使用的数据来源于课题组在 2020 年 8 月至 9 月期间赴长江上、中、下流域 3 个省份的农户问卷调查。调查综合考虑长江经济带沿线各省份的地理环境与经济区位，选取了云南、湖北、江苏作为样本采集区域。在地理

---

① 石志恒、符越：《农业社会化服务组织、土地规模和农户绿色生产意愿与行为的悖离》，《中国农业大学学报》2022 年第 3 期。

环境方面，其一，云南、湖北、江苏分别处于长江流域的上、中、下游，样本采集基本可以涵盖长江经济带的主要区域。其二，从阶梯结构上看，云南、湖北、江苏三省分别地处中国地形的第一阶梯、第二阶梯与第三阶梯，样本采集地包含了不同的海拔层次。其三，云南地处西南边陲，以山地为主；湖北位于中部，以丘陵和平原地形为主；江苏则位于东部沿海，地形以平原为主。经济发展方面，云南、湖北、江苏分别代表了中国西部欠发达地区、中部欠发达地区与东部发达地区，大致反映了长江经济带经济发展与区位分布状况。据此，可以认为调查样本采集地的选择具有代表性。

调查采用分层抽样和随机抽样相结合的方法，具体步骤如下：（1）综合考虑地理、经济等因素，选择云南、湖北和江苏三省作为抽样采集区域；（2）从每个省份中随机选取 3 个水稻主产县（市、区）；（3）再从每个县（市、区）中随机选择 3 个乡（镇、街道）；（4）在每个乡（镇、街道）随机抽取 2 个行政村，共计从 9 个县（市、区）、27 个乡（镇、街道）中调查 54 个行政村；（5）每个行政村中随机抽取 30 位农户，进行问卷调查。问卷调查均采取入户"一对一"访谈的形式，以户主或参与农业生产经营决策的主要家庭成员为调查对象，并由调研人员统一提问和填制问卷。问卷内容主要涉及农户家庭基本信息、家庭经营与农业社会化服务、家庭收支与生活、农业技术采纳与适应性行为等内容。针对土地禀赋相关的问题，本研究仅调查农户所经营的最大地块的基本情况。为确保数据信息能够如实反映农户的生产经营情况，课题组选取的调查对象均在前一年（即 2019 年）从事过农业劳动，并且能够清晰地反馈信息。剔除少量关键信息遗漏的样本信息后，共获得满足本研究要求的有效样本1344 份。

（一）被解释变量

农户绿色生产行为的界定与量化。经过对相关研究的梳理，农业绿色生产的界定尚未统一，但其核心观点一致。其中，在发展目标层面，认可度较高的有:农业绿色生产是为实现经济、生态、社会效益的协调与统一,以降损耗和节能减排为目标,以投入减量、产出高效为特征的新型绿色生产方式。技术管理层面,有学者指出,农业绿色生产是通过科学的耕作技术和精细的田间管理,实现资源节约、高效可持续利用的一种新型生产方式。根据联合国环境规划署(UNEP)的界定①,农业绿色行为具体分为"保护性耕作、施用有机肥、使用生物农药、废弃物资源化利用"等一系列环境友好型技术措施。据此,本研究引入免耕直播、施用有机肥、使用生物农药、秸秆资源化利用 4 项技术措施来表征农户绿色生产行为。参考威利(Willy 等,2013)②的处理办法,对农户绿色生产行为进行量化。本研究绿色生产行为的衡量标准是农户实际采纳绿色生产技术措施类型的数量。基于上述免耕直播、施用有机肥、使用生物农药、秸秆资源化利用 4 项技术措施,本研究按照农户实际采纳绿色生产技术措施类型的数量进行划分,农户对于绿色生产技术措施的采纳情况共有 5 种,即"未采纳"、"采纳 1 种"、"采纳 2 种"、"采纳 3 种"和"采纳 4 种",依次赋值为0—4。

(二)核心解释变量

农地经营规模的衡量与测度。农地经营规模是指经营主体实际所经营的土地面积,其中包括水田面积、旱地面积。根据理论分析,农地经营规模将有利于农户对绿色生产技术措施的采纳行为。为了较准确地反映农户的农地经营规模情况,避免忽视旱地经营面积对农户绿色生产行为的影响而导致的结果偏差,本研究用农户经营的水田、旱地总的经营面积(亩)表征农地经营规模。

---

① UNEP:*Towards a green economy:pathways to sustainable development and poverty eradication*,Nairobi United Nations Environment Program,2011.

② Willy,D.K.,Holm-Müller,K.,"Social Influence and Collective Action Effects on Farm Level Soil Conservation Effort in Rural Kenya",Ecological Economics,Vol.90,2013.

(三)机制变量

服务外包的衡量及测度。服务外包主要是指经营主体在农业生产过程中将生产环节交付给专门的服务供应组织完成的外包活动,其中包括整地、播种、灌溉、施肥、打药以及收割等生产环节的服务外包(罗必良,2017[①])。根据理论分析,服务外包将有利于农户对绿色生产技术措施的采纳行为。为了较准确地反映农户的实际外包情况,避免因忽视不同外包程度对农户绿色生产行为的差异化影响而导致的结果偏差,本研究对服务外包的衡量方法不局限于是否外包,而采用农户实际外包的生产环节个数更加精确地表征服务外包这一变量,即选用在整地、播种、灌溉、施肥、打药、收割6个生产环节的外包环节个数进行测度,取值介于0—6。

(四)控制变量

控制变量包括农业经营决策者的个体特征,即性别、年龄、受教育程度、社会资本和是否加入合作社;农户家庭特征,即农业劳动力数量、农业收入比重和家庭总收入;土地禀赋,即土壤肥力、灌溉条件、排水条件;外部环境,即市场距离和技术培训。相关变量的描述性统计如表7-1所示。

表7-1 变量描述性统计

变量名称	变量含义与赋值	平均值	标准差
绿色生产行为	农户实际采纳绿色生产技术措施的数量(个)	0.910	0.688
农地经营规模	农业生产经营总面积(亩)	40.479	235.945
服务外包	农户实际外包的生产环节个数(个)	1.506	1.134
性别	农业生产经营决策者的性别:男＝1,女＝0	0.781	0.413

---

① 罗必良:《论服务规模经营:从纵向分工到横向分工及连片专业化》,《中国农村经济》2017年第11期。

续表

变量名称	变量含义与赋值	平均值	标准差
年龄	农业生产经营决策者的实际年龄(周岁)	55.019	13.328
受教育程度	农业生产经营决策者接受正规教育的年限(年)	7.850	5.270
社会资本	农户家庭人情支出占2019全年总支出的比重(%)	0.228	1.119
是否加入合作社	农业生产经营决策者是否加入合作社?是=1,否=0	0.224	0.417
农业劳动力数量	农户家庭农业劳动力数量(人)	2.205	1.211
农业收入比重	农户家庭农业收入占2019全年总收入的比重(%)	0.405	1.658
家庭总收入	农户家庭总收入(万元)	12.548	28.837
灌溉条件	最大地块的田间灌溉是否方便?是=1,否=0	0.770	0.421
排水条件	最大地块的田间排水是否方便?是=1,否=0	0.784	0.411
土壤肥力	农业生产经营决策者对最大地块的土壤评价?差=1,一般=2,好=3	2.267	0.609
市场距离	农户到达最近的镇级市场需花费的时间(分钟)	17.877	15.138
技术培训	农业生产经营决策者参加技术培训的次数(次)	0.817	1.439
免耕直播	农户家庭生产是否采用免耕直播	0.056	0.230
施用有机肥	农户家庭生产是否施用有机肥	0.086	0.281
使用生物农药	农户家庭生产是否使用生物农药	0.061	0.239
秸秆资源化利用	农户家庭生产是否进行秸秆还田	0.705	0.456

(五)模型设定

本研究重点关注农地经营规模对农户绿色生产行为的影响,分析其影响的实际效应和影响路径。

为考察农地经营规模对农户绿色生产行为的影响,本研究构建实证模型如下:

$$Y_i = \tau_0 + \gamma_1 Scale_i + \chi Control_i + \mu_i \qquad (7\text{-}1)$$

其中,i 表示第 i 个农户,Y_i 是衡量农户绿色生产行为的变量,由农户实际采纳绿色生产技术措施的类型数量决定,数值介于 0—4,$Scale_i$ 表示第 i 个农户的农地经营规模,$Control_i$ 表示一组控制变量,τ_0 表示常数项,γ_1、χ 为待估参数,μ_i 为随机扰动项。

为考察农地经营规模能够通过影响服务外包进而间接影响农户绿色生产行为这一间接效应,本研究构建实证模型如下:

$$Y_i = \alpha_0 + C_1 Scale_i + \lambda_1 Control_i + e_{1i} \qquad (7\text{-}2)$$

$$Outsource_i = \alpha_1 + \beta Scale_i + \lambda_2 Control_i + e_{2i} \qquad (7\text{-}3)$$

$$Y_i = \alpha_2 + C_2 Scale_i + \beta Outsource_1 + \lambda_3 Control_i + e_{3i} \qquad (7\text{-}4)$$

其中,i 表示第 i 个农户,$Outsource_i$ 为农户参与服务外包的程度,$Scale_i$ 表示第 i 个农户的农地经营规模,$Control_i$ 表示一组控制变量,α_0、α_1、α_2 表示常数项,C_1、β、C_2、λ_1、λ_2、λ_3 为待估参数,e_{1i}、e_{2i}、e_{3i} 为随机扰动项。

第二节　土地规模经营对农户绿色生产行为的实证检验

表 7-2 汇报了农户绿色生产行为影响因素的模型估计结果(直接效应)。其中本研究通过农户对免耕直播、施用有机肥、使用生物农药、秸秆资源化利用 4 项技术措施的实际采纳类型的数量进行划分并量化。其中回归 1 是检验农地经营规模对量化后的农户绿色生产采纳行为的影响,回归 2、回归 3、回归 4、回归 5 分别是检验农地经营规模对农户采纳免耕直播、施用有机肥、使用生物农药、秸秆资源化利用的影响。回归模型的结果显示,农地经营规模显著正向影响农户绿色生产行为,且估计系数在 5% 统计水平上通过检验;同时农地经营规模亦显著正向影响农户使用生物农药和秸秆资源化利用,估计系数均在 1% 统计水平上通过检验;但是免耕直播与施用有机肥未通过显著性检验。

　　控制变量方面,回归1服务外包、受教育程度、土壤肥力、技术培训均显著正向影响农户绿色生产行为。其中,服务外包的回归结果表明,农户将生产环节外包给专门的服务供应商能够显著促进农户的绿色生产行为,且外包程度越高,对农户绿色生产行为的促进越明显;土壤肥力与农户绿色生产行为呈显著的正向关系,这说明土壤肥力更好的农田能够为作物提供更好的生长环境,农户不会过度使用农业化学品,进而表现出土壤肥力较好情况下有利于农户的绿色生产行为。

表 7-2　农户绿色生产行为影响因素的模型估计结果(直接效应)

变量	绿色生产行为	免耕直播	施用有机肥	使用生物农药	秸秆资源化利用
	回归 1	回归 2	回归 3	回归 4	回归 5
农地经营规模	0.001**	0.000	−0.001	0.004***	0.005***
	(0.000)	(0.002)	(0.001)	(0.001)	(0.002)
服务外包	0.248***	0.374***	−0.010	0.346***	1.621***
	(0.015)	(0.108)	(0.091)	(0.100)	(0.099)
性别	−0.011	0.053	0.029	0.731**	−0.318
	(0.040)	(0.302)	(0.255)	(0.371)	(0.203)
年龄	0.000	−0.011	−0.018**	0.013	0.011
	(0.001)	(0.010)	(0.008)	(0.010)	(0.008)
受教育程度	0.009**	−0.002	0.027*	0.026	0.026
	(0.004)	(0.027)	(0.016)	(0.024)	(0.018)
社会资本	−0.026*	0.030	−0.083	0.014	−0.943**
	(0.014)	(0.071)	(0.321)	(0.071)	(0.403)
是否加入合作社	−0.039	−0.200	0.488**	−0.111	−0.627***
	(0.041)	(0.309)	(0.218)	(0.287)	(0.210)
农业劳动力数量	0.016	−0.177	0.167**	−0.190*	0.072
	(0.015)	(0.115)	(0.083)	(0.110)	(0.074)
农业收入比重	−0.010	−0.160	−0.021	−0.335	−0.038
	(0.009)	(0.343)	(0.114)	(0.324)	(0.034)

续表

变量	绿色生产行为	免耕直播	施用有机肥	使用生物农药	秸秆资源化利用
	回归1	回归2	回归3	回归4	回归5
家庭总收入	−0.001	0.004	0.005	−0.010*	−0.007
	(0.001)	(0.006)	(0.005)	(0.005)	(0.006)
灌溉条件	−0.126*	−0.339	−0.283	0.514	−0.637*
	(0.066)	(0.453)	(0.406)	(0.498)	(0.378)
排水条件	−0.083	0.327	−0.081	−0.354	−0.637
	(0.067)	(0.476)	(0.413)	(0.492)	(0.393)
土壤肥力	0.121***	−0.085	0.363**	0.384*	0.558***
	(0.027)	(0.194)	(0.169)	(0.201)	(0.136)
市场距离	0.000	0.012**	−0.020*	−0.024*	0.005
	(0.001)	(0.006)	(0.011)	(0.013)	(0.006)
技术培训	0.021*	0.055	0.094	0.078	0.053
	(0.012)	(0.081)	(0.058)	(0.072)	(0.066)
常数项	0.336***	−2.541***	−2.479***	−5.047***	−1.676**
	(0.128)	(0.900)	(0.766)	(0.962)	(0.675)
观测值	1344	1344	1344	1344	1344
R^2	0.233	0.042	0.071	0.079	0.373

注:***、**、*分别表示在1%、5%、10%的显著性水平上显著。括号内数字为稳健标准误。

表7-3汇报了农户绿色生产行为影响因素的模型估计结果(间接效应)。即农地经营规模扩大可通过正向影响服务外包,进而促进农户采纳绿色生产行为。回归1是农地经营规模对农户绿色生产行为影响的总效应,结果表明农地经营规模显著正向影响农户采纳绿色生产行为,且估计系数均在1%统计水平上通过检验;回归2是中介效应的第一步检验,回归结果表明农地经营规模显著正向影响农户进行服务外包,且估计系数均在1%统计水平上通过检验;回归3是中介效应的第二步检验,在回归1的基础上加入了中介变量服务外包,被解释变量为绿色生产行为,回归结果表明农地

经营规模可通过服务外包间接促进农户的绿色生产行为。

表 7-3　农户绿色生产行为影响因素的模型估计结果(间接效应)

变量	绿色生产行为 回归 1	服务外包 回归 2	绿色生产行为 回归 3
农地经营规模	0.001***	0.001***	0.001**
	(0.000)	(0.000)	(0.000)
服务外包	—	—	0.248***
	—	—	(0.015)
性别	0.001	0.090	-0.011
	(0.002)	(0.073)	(0.040)
年龄	0.007*	0.005*	0.000
	(0.004)	(0.003)	(0.001)
受教育程度	-0.019	-0.006	0.009**
	(0.015)	(0.007)	(0.004)
社会资本	0.014	0.027	-0.026*
	(0.045)	(0.025)	(0.014)
是否加入合作社	0.047***	0.216***	-0.039
	(0.016)	(0.075)	(0.041)
农业劳动力数量	-0.007	0.123***	0.016
	(0.010)	(0.026)	(0.015)
农业收入比重	-0.001	0.013	-0.010
	(0.001)	(0.017)	(0.009)
家庭总收入	-0.127*	0.000	-0.001
	(0.072)	(0.002)	(0.001)
灌溉条件	-0.108	-0.005	-0.126*
	(0.074)	(0.119)	(0.066)
排水条件	0.167***	-0.103	-0.083
	(0.030)	(0.122)	(0.067)
土壤肥力	0.000	0.185***	0.121***
	(0.001)	(0.049)	(0.027)

续表

变量	绿色生产行为	服务外包	绿色生产行为
	回归 1	回归 2	回归 3
市场距离	0.033**	0.001	0.000
	(0.013)	(0.002)	(0.001)
技术培训	0.001	0.052**	0.021*
	(0.002)	(0.022)	(0.012)
常数项	0.466***	0.526**	0.336***
	(0.140)	(0.231)	(0.128)
观测值	1344	1344	1344
R^2	0.078	0.082	0.233

注:***、**、*分别表示在1%、5%、10%的显著性水平上显著。括号内数字为稳健标准误。

为保证模型指标解释能力的稳健性,文章从变量出发,利用水稻经营面积替换解释变量,检验前文估计结果的稳健性(估计结果如表7-4所示)。可以发现,关键解释变量的估计参数的方向与显著性水平均没有发生改变,检验结论与前文结论一致,表明实证分析结果具有稳健性。

表 7-4　稳健性检验——变量替换

变量	绿色生产行为
农地经营规模	0.001**
	(0.000)
其他控制变量	控制
常数项	0.339***
	(0.128)
观测值	1344
R^2	0.233

注:***、**和*分别表示在1%、5%和10%的显著性水平上显著。

为进一步验证上述实证结果的稳健性,本研究采用补充控制变量的方法重新检验农地经营规模对农户绿色生产行为的影响。农地经营规模的扩大可以促使农户提高机械化生产经营程度,继而促使农户采纳绿色生产行为,而田间道路是否方便机械行驶会影响农户是否进行机械化生产。据此,本研究将田间道路是否方便机械行驶(简称机械行驶)加入控制变量后对模型重新进行估计,结果如表7-5所示,结果显示,将机械行驶纳入模型后,农地经营规模对农户绿色生产行为的影响方向和显著性水平并未发生变化。据此,可以认为本研究实证估计结果具有稳健性。

表7-5　稳健性检验——补充控制变量

变量	绿色生产行为
农地经营规模	0.001**
	(0.000)
机械行驶	-0.103**
	(0.050)
其他控制变量	控制
常数项	0.393***
	(0.130)
观测值	1344
R^2	0.235

注:***、**和*分别表示在1%、5%和10%的显著性水平上显著。

第三节　农地规模经营推动农业绿色发展的政策启示

本研究基于农地经营规模对农户绿色生产行为影响的逻辑推理,利用云南、湖北、江苏三省水稻种植农户的微观调查数据,实证检验了农地经营规模对农户绿色生产行为影响的路径机制。文章的主要结论是：其一，基于农地流转与集中、获得农地规模经营优势的农户，通过购置新机械与引进新技术开展自我服务，继而直接促进农户的绿色生产行为；其二，农地规模经营可通过促进服务外包市场发展进而间接促进农户采纳绿色生产行为。开展适度的农地规模经营，可以达成服务的农地规模门槛、促使服务市场容量扩张，继而促进服务市场发展，即实现农地规模经营通过服务外包间接促进农户采纳绿色生产行为。

本研究的理论贡献在于：揭示出农地规模经营影响农户绿色生产行为的理论逻辑及实现路径，发现农地规模经营对农户绿色生产行为的影响具有直接效应和间接效应，直接效应为农地规模经营能够通过引进机械和新技术，直接促使农户进行绿色生产；间接效应为农地经营规模促进服务外包市场发展，继而产生影响农户绿色生产行为的间接效应。

本研究的政策启示在于：其一，为推进农业化学品减量和高质量发展，应鼓励适度的农地规模经营，由此实现直接和间接双重促进效应；其二，应鼓励有生产能力优势的农户，通过土地交易市场转入土地，开展适度规模经营，同时对其采纳机械和新型生产技术提供政府补贴，最大限度地发挥对农户绿色生产行为的直接效应；其三，应鼓励有交易能力优势的农户，通过开展与周边地块的连片种植实现连片规模的扩张，以迂回的方式达成服务规模门槛的要求，然后通过服务外包实现农业绿色发展。

第八章　基于服务规模经营推动多元利益主体实施绿色发展模式

在规模化经营先易后难的渐进性历史进程中,服务规模经营成为了中国农业规模化经营新的逻辑起点。随着农业生产向专业分工、社会化协作方式转变,以生产环节外包为主要表现方式的农业社会化服务在农业领域的作用越发重要,甚至成为整个农业活动中不可或缺的关键要素。既有研究已然关注到外包服务与农户亲环境行为采纳的相关性。例如,合作组织提供的服务供给能够显著促进农户环境友好型技术的采纳,而规范化组织更有利于成员化学品投入减量。生产环节的外包服务对于新型绿色生产技术采纳具有显著正向作用(董莹、穆月英,2019①),且细致的专业化分工有利于农户获取绿色高效的服务供给项目,从而促进其对亲环境行为的采纳。

尽管现有研究已进行多方面探索,但至少存在三个方面的不足:其一,现有研究大多仅停留在针对个别技术措施的效果验证,相对缺少在可比的视角下探讨生产环节外包与多种类型绿色生产技术措施采纳行为的关系。其二,外包服务对于农户绿色生产行为的促进作用尚缺乏普遍性证据,未能充分考虑农户生产经营目标的异质性对绿色生产实现的影响。其三,在讨论服务外

---

① 董莹、穆月英:《农户环境友好型技术采纳的路径选择与增效机制实证》,《中国农村观察》2019 年第 2 期。

包与农业绿色生产的关系时，相对忽略了外包服务市场层面特别是跨区服务对农户绿色生产行为的影响。

事实上，外包服务市场的形成与发展极大地促成了农业分工，在较大程度上改进了粮食作物的生产成本和效率问题。规模经济的实现途径由农地规模化向服务规模化转变。中国地域辽阔，区域间的地理条件和气候环境多样，农作物生长周期和种植条件呈现出较大的空间差异，农业生产活动需求多样化，从而为服务跨区市场的形成和发展创造了有利条件（曹光乔等，2019①）。相关数据表明，小规模经营农户在粮食耕种环节的大型或超大型机械采纳率超过 80%，收割环节的大型或超大型机械采纳率甚至在 95% 以上（蔡键等，2017②）。而在服务市场正常运转下，相比于本地服务组织与机耕户，跨区服务组织因为在设备、技术、服务人员等方面的突出优势，其供给主体地位得以不断提升。为满足不同农户的服务需求，保障粮食生产效率，中国在政策上还给予了跨区作业农机优先加油、高速畅行、治安管理等多种便利（黄玛兰等，2018③）。

据此，文章基于农户行为理论，以云南、湖北、江苏三省的水稻种植样本农户为研究对象，选取与水稻种植密切相关的整地、播种、灌溉、施肥、打药、收割 6 个关键环节，在对微观层面绿色生产行为及其一般化规律进行测度的基础上，研究不同农户主体的生产环节外包、跨区服务对其绿色生产行为的影响，力求为实现绿色、可持续发展背景下的农业规模经济提供进一步的政策依据。

---

① 曹光乔、周力、毛慧：《农业技术补贴对服务效率和作业质量的影响——以秸秆机械化还田技术补贴为例》，《华中农业大学学报（社会科学版）》2019 年第 2 期。

② 蔡键、唐忠、朱勇：《要素相对价格、土地资源条件与农户农业机械服务外包需求》，《中国农村经济》2017 年第 8 期。

③ 黄玛兰、李晓云、游良志：《农业机械与农业劳动力投入对粮食产出的影响及其替代弹性》，《华中农业大学学报（社会科学版）》2018 年第 2 期。

第一节　服务规模经营对农户绿色生产行为的
影响机理

农业绿色生产的内涵早在 19 世纪经典著作《资本论》中就有所体现,马克思揭露了资本主义肆意压榨劳动者剩余价值的不争事实,通过粗放、无节制的生产方式推动社会生产力的绝对化发展,则必然导致了自然资源的浪费和生态环境的破坏,危及农业生产。尽管马克思并未明确提及农业绿色生产的概念,但却从经济与环境双重利益视角,深刻批判了资本主义生产的非持续性、非绿色化以及违背人与自然和谐统一的恶性本质,认为在资源消耗和污染最小化的前提下追求产出效率最大化,才是实现经济与生态兼备、人与自然协调发展的长久之策(赵佳琪,2023①)。

国内有学者认为,农业绿色生产的理论基础是可持续发展理论,其中包涵了废弃物产生最小化、资源利用最大化和环境保护的丰富内涵。有学者总结,根据大量农业绿色生产实践所总结出来的绿色生产理论是符合客观规律的(魏锋,2002②),该理论涵盖数理分析、经济学、资源与环境等多个学科领域,所揭示出的绿色生产发展的目标与内涵不尽相同,但其核心始终集中于一点,即通过新型绿色生产技术的创新与采纳,促进农业资源的最大化利用,同时最大限度地降低废物的产生,注重资源与废物之间的循环利用,促进良好生态环境的生成以及人与自然的和谐共处。

农户行为理论是从经济学角度研究个体行为的重要理论基础。按照理性小农的基本逻辑,农户是追逐利益最大化的理性经济人(Schultz,1964③),通

---

① 赵佳琪:《中国特色社会主义生态文明理念指导下的绿色农业发展问题研究》,《农业经济问题》2023 年第 4 期。

② 魏锋:《绿色生产理论及其应用》,《生态经济》2002 年第 1 期。

③ Schultz,T.W.,"Transforming Traditional Agriculture",New Haven:Yale University Press,1964.

常以生存安全作为生产经营的首要目标(Scott,1976①)，在经过长短期利益权衡后，会基于自身利益最大化原则作出合理化的行为选择，因此难以摆脱采用不合理、粗放的生产方式(如耕地过度开垦、大量施用化肥农药、焚烧秸秆等)，以规避产出减少的风险。据此，经济学家主张遵循庇古传统，通过制定相应的法律法规约束农户粗放式生产，根据生产者的实际行为进行征税、惩罚或补贴，促使行为主体重新核算其相对成本和收益，将生产者开展农业绿色生产的正外部性内部化。然而，有研究针对性地指出征税、惩罚或补贴等手段可能会引发农户追逐政策红利的机会主义行为(韩洪云、杨增旭,2010②)，因此难以长效促进农户绿色生产行为。

基于对规模经济发展的理论探索，经济学家认为劳动分工是促进内生经济增长的根本动力(Rosen,1983③)，规模经济的本质即为分工经济(罗必良,2017④)。在当前中国背景下，农地所有权、承包权与经营权"三权分置"的局面已经形成，其中经营权可以进一步地细分，表现为在各个生产经营环节的农业分工。以水稻种植为例，水稻生产环节的各个活动均可独立分离出来，外包给专门的服务供应组织。同时，土地经营权的细分还促进形成了多样化的委托代理市场，以及多元化的外包服务市场，例如跨区服务，产权交易空间与服务供应空间得以充分扩展(胡新艳等,2023⑤)。通过生产环节的服务外包将小农户纳入农业分工体系，已经成为现代农业生产方式转型的重要趋势(罗必良,2020⑥)。生产环节外包、

① Scott,J.,The Moral Economy of the Peasant,New Haven:Yale University Press,1976.
② 韩洪云、杨增旭:《农户农业面源污染治理政策接受意愿的实证分析:以陕西眉县为例》,《中国农村经济》2010年第1期。
③ Rosen,S.,"Specialization and Human Capital",Journal of Labor Economics,Vol.1,No.1,1983.
④ 罗必良:《论服务规模经营:从纵向分工到横向分工及连片专业化》,《中国农村经济》2017年第11期。
⑤ 胡新艳、陈卓、罗必良:《建设农业强国:战略导向、目标定位与路径选择》,《广东社会科学》2023年第2期。
⑥ 罗必良:《要素交易、契约匹配及其组织化——"绿能模式"对中国现代农业发展路径选择的启示》,《开放时代》2020年第3期。

跨区服务影响农户绿色生产行为的客观逻辑在于：

农户绿色生产行为可以通过自我执行和迂回执行两种方式实现。其中，自我执行是指农户直接从要素采购市场购买或自制使用绿色生产要素，以自身为农业绿色生产的执行主体；迂回执行则是指农户通过服务供应商将生产环节外包，以服务供应组织作为绿色生产要素投入和技术手段的执行主体，实现农业绿色生产。客观上，由于小农户在资金投入、技术执行、交易谈判等方面的资源或能力有限，尽管农户自身倾向于采纳农业绿色生产相关的技术措施，也会难以开展，从而导致绿色生产执行力不足。相比较农业绿色生产的自我执行，迂回执行具有绿色要素采购优势和绿色技术采纳优势。绿色要素采购方面，大批量采购通常使得服务供应组织在交易市场上具备更强的谈判能力，依托服务供应组织，农户就能以低于市场价格的成本购入要素，降低农业生产成本。技术采纳方面，相较于各类新型农业经营主体，服务供应组织能够率先对适用技术进行有效性评估，制订出针对农户需求的备选方案。原因在于：其一，面临激烈的服务市场竞争，服务供应组织需要率先进行新技术的试用与效果评估，以求在行业内获得竞争优势。其二，服务供应组织作为实践和推广新型生产技术的先行主体，满足政府部门的优先扶持要求，能够获得在资金、技术、专业人员等多方面支持（郑适等，2018①），为带动农户的绿色生产行为创造有利条件。据此，提出研究假设1：

假设1：生产环节外包能够显著促进农户绿色生产行为。

跨区服务的广泛应用，破除了当地服务市场供给的限制，有利于提高服务外包市场的供给效率，从而为农业绿色生产创造条件。跨区服务影响农户绿色生产行为的逻辑在于：其一，跨区作业能促进绿色生产技术的外溢（方师乐

---

① 郑适、陈茜苗、王志刚：《土地规模、合作社加入与植保无人机技术认知及采纳：以吉林省为例》，《农业技术经济》2018年第6期。

等,2017①)。客观上,正如中国当前社会主要矛盾中所指出的"不平衡不充分的发展",在农业领域,生产技术设备与科技创新水平在区域间呈现出明显的发展不平衡,而跨区服务则为设备共享和技术扩散的实现发挥了重要的媒介作用。其二,跨区作业能够显著改善机械使用效率,通过深化分工形式降低实施费用,避免了重复购买小型机械造成的资源浪费,有效解决了小农户资金不足与大机械生产效率的衔接矛盾(黄炎忠、罗小锋,2020②),从而节省成本。其三,跨区作业综合提高了地域间农业生产的专业化水平,进一步细化分工,发挥了服务外包优化农业产业内部结构的作用,从而实现农业生产的规模经济性(Zhang 等,2017③)。据此,提出研究假设2:

假设2:跨区服务对农户绿色生产行为具有显著正向影响。

生产环节外包、跨区服务对农户绿色生产行为的影响,会因农户生产经营目标分化而产生显著差异。伴随国家政策制度放活和产业加快转型,农户生产经营目标逐渐产生差异化区分,相应地,生产经营目标分化将进一步演变为农户生产行为的差异。以农业为就业途径维持家庭生计的生存型农户,以及有一定农田规模、追求产量最大化的生产型农户,均将农业收入作为维持家庭生计的主要来源,普遍追求农业生产效益的最大化,更可能通过生产环节外包减少投入成本、提高生产效率,从而有利于绿色生产行为的采纳。对生活型农户而言,其家庭生计不再主要依靠农业,而倾向于将家庭承包土地借予或转出,通过保持少量农业劳作增加生活满足感、幸福感,因家庭劳动力不足而偏好劳动力需求较小的耕作方式,更可能以服务外包的方式来降低劳动强度,并因此促进绿色生产。不同的是,功能型农户不再专注于传统种粮模式下的生

---

① 方师乐、卫龙宝、伍骏骞:《农业机械化的空间溢出效应及其分布规律——农机跨区服务的视角》,《管理世界》2017 年第 11 期。

② 黄炎忠、罗小锋:《跨区作业如何影响农机服务获取?》,《华中农业大学学报(社会科学版)》2020 年第 4 期。

③ Zhang,X.,Yang,J.,Thomas,R.,"Mechanization Outsourcing Clusters and Division of Labor in Chinese Agriculture",China Economic Review,Vol.43,2017.

产经营,其农业生产经营目标会由短期的为自主创业积累资本,转变为长期的追求农业多元化发展,如创立绿色农产品品牌、开发生态旅游观光等,该类农户会自发地采纳环境友好型技术措施,以确保产品或服务契合绿色消费群体的亲环境偏好,从而相应地弱化了通过生产环节外包促进绿色生产行为的意愿。

跨区服务是为满足农户多元化需求、伴随服务市场形成与发展而形成的产物。相比较村域范围的服务,跨区服务在技术外溢、效率提升、促进分工等方面优势更为明显,可能促使农户在对农机服务的实际选择中更加偏向跨区域农机服务。此外,农户对外包服务的选择依据基本上取决于农户对农业生产重要性程度的判定,基于农户生产经营目标的分化,从而产生了跨区服务对不同类型农户绿色生产行为影响的显著差异,具体来说,对农业生产关注度越强的农户,跨区服务对该类型农户绿色生产行为采纳的作用也越强。据此,提出研究假设3和假设4:

假设3:相较于功能型农户,生产环节外包对生存型、生产型与生活型农户的绿色生产行为的促进作用更加显著。

假设4:跨区服务对4种类型农户绿色生产行为采纳的作用强弱顺序依次为:生产型农户、生存型农户、功能型农户与生活型农户。

本研究使用的数据来源于课题组在2020年8月至9月期间赴云南、湖北、江苏三省的农户问卷调查。调查综合考虑长江经济带沿线各省份的地理环境和经济水平。调查样本采集地的选择具有代表性(具体原因在第七章已指出,这里不再赘述)。

调查采用分层抽样和随机抽样相结合的方法,具体步骤如下:1.综合考虑地理、经济等因素,选择云南、湖北和江苏三省作为抽样采集区域;2.从每个省份中随机选取3个水稻主产县(市、区);3.再从每个县(市、区)中随机选择3个乡(镇、街道);4.在每个乡(镇、街道)随机抽取2个行政村,共计从9个县(市、区)、27个乡(镇、街道)中调查54个行政村;5.每个行政村中随机抽取

30 位农户,进行问卷调查。问卷调查均采取入户"一对一"访谈的形式,以户主或参与农业生产经营决策的主要家庭成员为调查对象,并由调研人员统一提问和填制问卷。问卷内容主要涉及农户家庭基本信息、家庭经营与农业社会化服务、家庭收支与生活、农业技术采纳与适应性行为等内容。针对土地禀赋相关的问题,本研究仅调查农户所经营的最大地块的基本情况。为确保数据信息能够如实反映农户的生产经营情况,课题组选取的调查对象均在前一年(即 2019 年)从事过农业劳动,并且能够清晰反馈信息。剔除少量关键信息遗漏的样本信息后,共获得满足本研究要求的有效样本1301 份。

本研究引入免耕直播、施用有机肥、生物农药、秸秆资源化利用 4 项技术措施来表征农户绿色生产行为。参考威利(Willy 等,2013)①的处理办法,本研究以农户实际采纳绿色生产技术措施类型的数量作为绿色生产行为的衡量标准,对农户绿色生产行为进行量化。基于免耕直播、施用有机肥、使用生物农药、秸秆资源化利用 4 项技术措施,本研究按照农户实际采纳绿色生产技术措施类型的数量进行划分,农户对于绿色生产技术措施的采纳情况共有 5 种,即"未采纳"、"采纳 1 种"、"采纳 2 种"、"采纳 3 种"和"采纳 4 种",依次赋值为 0—4。

调研结果显示,样本农户对于不同类型的农业绿色生产技术措施的采纳情况有着明显差异,这一结果实际上是农户内部差异性偏好和外部环境的作用结果。具体来看,农户对免耕直播、施用有机肥、生物农药和秸秆资源化利用 4 种技术措施的采纳比例分别为 5.75%、8.66%、7.17% 和 74.83%,因此采纳比例从高到低依次为秸秆资源化利用、施用有机肥、生物农药以及免耕直播。其中,秸秆资源化利用的采纳比例最高,原因在于秸秆禁烧自 1999 年《秸秆禁烧和综合利用管理办法》出台以来,实际上已逐渐成为一项强制性措施,

---

① Willy,D.K.,Holm-Müller,K.,"Social Influence and Collective Action Effects on Farm Level Soil Conservation Effort in Rural Kenya",Ecological Economics,Vol.90,2013.

大量研究表明目前中国农村地区普遍不再焚烧秸秆,相代替地进行多种方式的秸秆利用,如粉碎还田、喂养牲畜、回收等,在此基础上甚至实施发酵制沼、生物碳化等秸秆资源化技术,到目前已有70%以上农户已采纳或正在采纳。农户对于其他3类技术措施的采纳比例均较低,相对来说施用有机肥的8.66%和生物农药的7.17%要略高于采纳免耕直播的5.75%。根据需求,农户通常可以较容易地从农资供应商手中购买到有机肥和生物农药,或者通过生产环节外包由服务供应组织进行绿色生产要素的施用。而免耕直播受限于适用环境、技术等因素,在水稻种植领域尚未普及,导致农户采纳比例较低。样本农户对免耕直播、施用有机肥、使用生物农药、秸秆资源化利用4项技术措施的采纳情况如表8-1所示。

表8-1　样本农户对4类绿色生产技术措施的采纳情况

绿色生产行为	采纳(户)	比例(%)	未采纳(户)	比例(%)
免耕直播	77	5.75%	1262	94.25%
施用有机肥	116	8.66%	1223	91.34%
使用生物农药	96	7.17%	1243	92.83%
秸秆资源化利用	1002	74.83%	337	25.17%

注:左数第3列与第5列分别为采纳和未采纳某种技术措施的农户数占总样本农户的比例,由于存在部分农户同时采纳多种技术措施的情况,以及少量农户未采纳任何技术措施,故每列比例总和并不等于100%。

生产环节外包的衡量及测度。生产环节外包是指经营主体在农业生产过程中将生产环节交付给专门的服务供应组织完成的外包活动,其中包括整地、播种、灌溉、施肥、打药以及收割等生产环节的服务外包(罗必良,2017①)。根据理论分析,生产环节外包将有利于农户对绿色生产技术措施的采纳行为。

---

① 罗必良:《论服务规模经营:从纵向分工到横向分工及连片专业化》,《中国农村经济》2017年第11期。

为了较准确地反映农户在生产环节的实际外包情况,避免因忽视不同外包程度对农户绿色生产行为的差异化影响而导致的结果偏差,本研究对生产环节外包的衡量方法不局限于是否外包,而采用农户实际外包的生产环节个数更加精确地表征生产环节外包这一变量,即在整地、播种、灌溉、施肥、打药、收割6个生产环节的外包环节个数,取值为0—6。

依据前文理论推断,跨区服务是影响农户绿色生产行为的重要因素。现有研究在衡量跨区服务因素时多使用"是否跨区"的0—1变量,在空间因素的考察方面相对粗略,鉴于此,课题组在跨区服务部分的选项设计上进一步细化,问题设置为"您进行生产环节外包的服务提供者来自哪里?",选项有"本村"、"本乡外村"、"本县外乡"、"本省外县"、"外省"与"境外",分别赋值1—6。

在控制变量的选取上,本研究拟从农业经营决策者的个体特征、农户家庭特征、土地禀赋与外部环境四个方面选取。(1)农业经营决策者的个体特征,包括性别、年龄、受教育程度、健康状况、社会资本和是否加入合作社。其中,健康状况由是否患有慢性病确定;社会资本用家庭人情支出占总支出的比重表征,反映个体通过人际交往获取资源的能力(Coleman,1988①)。(2)农户家庭特征,主要包括农业劳动力数量和农业收入比重。农业劳动力数量反映农户家庭在农业方面所能提供的基本劳动力支持,而农业收入占家庭总收入比重,则反映农户家庭生计中农业生产经营的重要程度。(3)土地禀赋,包括水稻经营面积、水稻地块数量、土壤肥力、灌溉条件、排水条件。(4)外部环境,包括市场距离和技术培训。其中,市场距离用农户去最近的镇级集市花费的时间表示,技术培训则用2019年农户参加农业技术培训的次数来衡量。相关变量的描述性统计如表8-2所示。

---

① Coleman,J. S.,"Social Capital in the Creation of Human Capital",American Journal of Sociology,1988.

表 8-2 变量描述性统计

变量名称	变量含义与赋值	平均值	标准差
绿色生产行为	农户实际采纳绿色生产技术措施的数量（个）	0.964	0.692
生产环节外包	农户实际外包的生产环节个数（个）	1.745	1.011
跨区服务	生产环节外包的服务提供者来自哪里？本村=1,本乡外村=2,本县外乡=3,本省外县=4,外省=5,境外=6	2.199	1.665
性别	农业生产经营决策者的性别:男=1,女=0	0.732	0.443
年龄	农业生产经营决策者的实际年龄（周岁）	55.202	12.370
受教育程度	农业生产经营决策者接受正规教育的年限（年）	8.932	9.295
健康状况	截至2019年,农业生产经营决策者是否患有慢性病？是=1,否=0	0.265	0.442
社会资本	农户家庭人情支出占2019年全年总支出的比重（%）	16.789	14.548
是否加入合作社	农业生产经营决策者是否加入合作社？是=1,否=0	0.220	0.415
农业劳动力数量	农户家庭农业劳动力数量（人）	2.386	1.003
农业收入比重	农户家庭农业收入占2019年全年总收入的比重（%）	37.476	34.916
水稻经营面积	农户水稻经营总面积（亩）	38.429	136.950
水稻地块数量	农户经营的水稻地块数量（块）	8.649	41.214
灌溉条件	最大地块的田间灌溉是否方便？是=1,否=0	0.641	0.48
排水条件	最大地块的田间排水是否方便？是=1,否=0	0.656	0.475
土壤肥力	农业生产经营决策者对最大地块的土壤评价？差=1,一般=2,好=3	2.32	0.613
市场距离	农户到达最近的镇级市场需花费的时间（分钟）	17.977	15.723
技术培训	2019年农业生产经营决策者参加技术培训的次数（次）	0.417	0.575
区域虚拟变量	以县（或相同行政级别）为单位设置区域虚拟变量	—	

续表

变量名称	变量含义与赋值	平均值	标准差
农户类型	根据生产经营目标划分:生存型=1,生活型=2,生产型=3,功能型=4	0.168	0.145
是否自购农机	截至2019年,农户家庭是否自行购买农用机械? 是=1,否=0	0.224	0.417

注:水稻经营面积统一按照标准亩制667平方米/亩进行换算。表中变量含义与赋值一栏均反映了农户在2019年的实际情况。

本研究重点关注生产环节外包和跨区服务对农户绿色生产行为的影响,分析在不同的服务供给环境下,生产环节外包对水稻种植农户绿色生产行为的差异化影响。据此,本研究构建如下分析模型:

$$Y_i = \beta_0 + \beta_1 Outsource_i + Cross\_reg_i + \sum_{k=1} \beta_{3k}C_i + D_i + u_i \quad (8-1)$$

模型(8-1)中,Y_i是农户绿色生产行为的潜变量,由农户实际采纳绿色生产技术措施的类型数量决定,数值介于1—6。$Outsource_i$为取值0—6的离散变量,用农户实际外包的生产环节个数表征。$Cross\_reg_i$表示为第i个农户提供生产环节外包的服务供应商来源,用于衡量跨区服务变量,取值范围为1—6。C_i代表一组控制变量,包括第i个农户的农业经营决策者的个体特征、第i个农户的家庭特征、第i个农户的土地禀赋、第i个农户所处的外部环境4个方面的控制变量。D_i为控制区域因素影响的虚拟变量,u_i为随机干扰项,β_0为截距,β_1、β_2、β_{3k}为待估计参数。

第二节　服务规模经营对农户绿色生产行为的实证检验

表8-3分析了农户绿色生产行为影响因素的模型估计结果。在未引入跨区服务变量情形下,回归1和回归2分别为未控制的和已控制区域固定效应的模型估计结果。类似地,回归3和回归4为引入跨区服务变量后的模型

估计结果,回归4则在回归3的基础上控制了区域固定效应,以排除因地理条件和气候环境等外部因素造成的估计偏误。回归模型的结果显示,在引入跨区服务变量、控制区域固定效应前后,生产环节外包对农户绿色生产行为均具有显著的正向影响。如此表明,依托于服务供应组织的生产环节外包有利于农户对绿色生产技术措施的采纳行为。经过引入变量和控制区域固定效应,模型估计结果的系数符号与显著性均未发生变化,可以在一定程度上说明模型估计结果具有稳健性。回归4的拟合优度 R^2 较大,说明回归4的模型拟合度更高,解释能力更强,故本研究主要针对回归4的估计结果进行解释说明。

本研究的重点在于考察生产环节外包、跨区服务对农户绿色生产行为的影响。表8-3的估计结果表明,在其他条件不变的情况下,生产环节外包对农户绿色生产行为具有显著的正向影响,且通过了1%的显著性水平检验,这说明农户将生产环节外包给专门的服务供应商能够显著促进农户的绿色生产行为,且外包程度越高,对农户绿色生产行为的促进越明显。不仅如此,跨区服务同样能够对农户绿色生产行为产生显著的正向影响。从显著性效果上来看,跨区服务变量的估计系数在1%统计水平上通过检验,且方向为正,这说明农户绿色生产行为还受到跨区服务的较大影响。根据前文对跨区服务变量的设定,按照跨区距离的远近分为了"本村"、"本乡外村"、"本县外乡"、"本省外县"、"外省"与"境外",并依次赋值1—6。实际调研发现,农户采纳的跨区服务并未有跨境服务的情况,也就是说,较远的服务供给距离(如跨省服务)将更有利于农户绿色生产行为的采纳。

控制变量方面,农业收入比重、土壤肥力、技术培训的估计系数均通过了1%的显著性水平检验,且方向为正。这说明农业收入占家庭总收入比重越高的农户保持耕地质量与地力环境的意识越强,越倾向于对绿色生产行为的采纳。土壤肥力与农户绿色生产行为呈显著的正向关系,这说明土壤肥力更好的农田能够为作物提供更好的生长环境,农户不需要通过加大化学品用量来保证粮食产出。此外,使用有机肥、生物农药等要素的粮食还能被认证为绿色或有机产品，从而提高农产品的附加值。

技术培训与绿色生产技术措施的高度正相关已被大量研究证实，事实说明，技术培训能够强化农户对绿色生产的认知。一方面，技术培训能够扩展农户信息获取渠道，通过信息扩散或知识传播减少信息不对称，农户参与绿色技术培训，有利于加强其对技术知识和应用的掌握，使信息扩散的效益最大化，限制农户尝试新技术的有限理性也能得以放宽。另一方面，技术培训能够降低技术采纳门槛，突破新技术对农户的客观封锁，降低农户对绿色生产技术的学习成本，提高农户采纳绿色生产技术的收益预期，促进农业绿色生产。

回归结果还验证了加入合作社有利于农户绿色生产行为的实施，同时年轻的生产经营决策者对绿色生产行为的采纳意愿更高。是否加入合作社的估计系数通过了5%的显著性水平检验，说明加入合作社能够正向影响农户的绿色生产行为。一方面，合作社掌握了设备、技术、资金和信息等多种重要资源，能够对绿色生产技术的扩散起到积极作用；另一方面，合作社长期经营积累下的声誉资本，能够有效激励合作社成员自发控制农产品质量安全，积极采纳绿色生产技术措施。农业生产经营决策者年龄的估计系数在10%的统计水平上显著为正，说明相较于高龄农户，学习能力、接受新事物更强的年轻农户更倾向于采纳绿色生产行为。

表8-3 农户绿色生产行为影响因素的模型估计结果

变量	绿色生产行为			
	回归 1	回归 2	回归 3	回归 4
生产环节外包	0.2477 ***	0.2371 ***	0.2179 ***	0.2078 ***
	(0.0174)	(0.0175)	(0.0176)	(0.0176)
跨区服务	—	—	0.0715 ***	0.0876 ***
	—	—	(0.0106)	(0.0125)
性别	0.0762	0.0398	0.0643	0.0287
	(0.0403)	(0.0390)	(0.0396)	(0.0383)

变量	绿色生产行为			
	回归1	回归2	回归3	回归4
年龄	−0.0000	−0.0037*	−0.0002	−0.0037*
	(0.0016)	(0.0016)	(0.0015)	(0.0016)
受教育程度	0.0050**	0.0026	0.0045*	0.0015
	(0.0019)	(0.0019)	(0.0019)	(0.0018)
是否慢性病	0.0630	0.0420	0.0468	0.0440
	(0.0409)	(0.0401)	(0.0403)	(0.0394)
社会资本	0.2152	0.2541*	0.1476	0.2135
	(0.1176)	(0.1150)	(0.1161)	(0.1130)
是否加入合作社	0.0894*	0.1119*	0.0946*	0.1257**
	(0.0438)	(0.0441)	(0.0430)	(0.0434)
农业劳动力	−0.0759***	−0.0072	−0.0639***	−0.0036
	(0.0177)	(0.0184)	(0.0175)	(0.0181)
农业收入比重	0.3429***	0.3055***	0.3224***	0.3253***
	(0.0536)	(0.0565)	(0.0528)	(0.0555)
水稻经营面积	0.0001	−0.0000	0.0002	−0.0000
	(0.0001)	(0.0001)	(0.0001)	(0.0001)
地块数量	0.0002	−0.0001	0.0002	0.0001
	(0.0004)	(0.0004)	(0.0004)	(0.0004)
灌溉条件	−0.0695	−0.0516	−0.0122	−0.0428
	(0.0664)	(0.0653)	(0.0658)	(0.0641)
排水条件	0.1453*	0.1504*	0.1414*	0.1722**
	(0.0666)	(0.0646)	(0.0655)	(0.0635)
土壤肥力	0.0736**	0.0891**	0.0814**	0.0924***
	(0.0282)	(0.0273)	(0.0278)	(0.0268)
市场距离	0.0016	0.0013	0.0013	0.0014
	(0.0011)	(0.0011)	(0.0011)	(0.0011)
技术培训	0.1036**	0.1368***	0.0984**	0.1241***
	(0.0321)	(0.0322)	(0.0316)	(0.0317)

续表

变量	绿色生产行为			
	回归 1	回归 2	回归 3	回归 4
区域虚拟变量	未控制	已控制	未控制	已控制
常数项	0.1201	−0.0982	−0.0218	−0.1970
	(0.1313)	(0.1324)	(0.1308)	(0.1308)
观测值	1301	1301	1301	1301

注:***、**、*分别表示系数通过1%、5%、10%的显著性水平检验,括号内数字为稳健标准误。下表同。

为验证实证结果的稳健性,本研究采用补充控制变量的方法重新检验生产环节外包、跨区服务对农户绿色生产行为的影响。课题组在调查过程中发现,一部分农户家庭存在自主购买农用机械的情况,那么,需要进一步考虑的问题在于:农户通过使用自家农机在生产环节开展自我服务或为他人提供服务,是否同样具备对绿色生产行为的促进效应?若如此,上述实证部分将因为遗漏变量导致估计结果的偏误,甚至可能高估生产环节外包与跨区服务对农户绿色生产行为的影响。据此,本研究将是否自购农用机械加入控制变量后对模型重新进行估计,结果见表8-4的回归6。结果显示,将农户是否自购农机纳入模型后,生产环节外包与跨区服务的显著性水平及方向并未发生变化,且是否自购农机这一变量本身没有对农户绿色生产行为产生显著性影响。因此,可以说明农户自购农机并未影响其绿色生产行为的实施,农户绿色生产行为的实现仍然有赖于生产环节外包和跨区服务。

更换模型重新进行参数估计也是检验实证结果稳健性的常用手段之一。考虑到本研究的被解释变量是由农户所采纳的绿色生产技术措施个数表征,因而定位为有序变量,据此本研究采用有序 Probit(Ordered Probit) 模型重新估计生产环节外包、跨区服务对农户绿色生产行为的影响,以此检验实证结果的稳健性。如表8-4所示,回归7更换模型后对绿色生产行为影响因素的估计结果,回归8则是在回归7的基础上加入是否自购农机这一控制变量后的估计结果。可以发现,更换模型后再次估计的结果仍未推翻现有结论,关键解释变量的估计参数的符合方向与显著性水平均没有发生改变。据此,可以认为本研究实证估计结果具有稳健性,至此假设 1 和假设 2 得以验证。

表 8-4　稳健性检验

变量	绿色生产行为			
	回归 5	回归 6	回归 7	回归 8
生产环节外包	0.2078***	0.2061***	0.4980***	0.4961***
	(0.0176)	(0.0177)	−0.0395	−0.0396
跨区服务	0.0876***	0.0887***	0.1840***	0.1852***
	(0.0125)	(0.0125)	−0.0261	−0.0262
是否自购农机	—	−0.0511	—	−0.0563
	—	(0.0437)	—	−0.0912
控制变量	已控制	已控制	已控制	已控制
区域虚拟变量	已控制	已控制	已控制	已控制
观测值	1301	1301	1301	1301
R^2	0.3322	0.3330	—	—
Pseudo R^2	—	—	0.2177	0.2179

第三节　基于生产经营目标分化的
农户异质性

文章进一步关注不同生产经营目标的农户绿色生产行为促进机制的异质性,讨论生产环节外包、跨区服务对四类农户绿色生产行为的影响,异质性讨论结果如表 8-5 所示。与模型估计结果一致,生产环节外包、跨区服务能够促进农户绿色生产技术措施的采纳,但其促进作用因农户生产经营目标的不同呈现差异。具体地,在控制其他条件不变的情况下,生产环节外包对生存型、生产型与生活型农户绿色生产行为的正向作用在 1% 的显著性水平上通过检验,而对功能型农户绿色生产行为的影响在 10% 的统计水平上显著为正。

控制其他条件不变,跨区服务对生产型农户的正向影响在 1% 统计水平上显著,生产型农户、生存型农户绿色生产行为的估计系数分别在 5% 和 10% 的显著性水平上通过检验,而生活型农户绿色生产行为的估计系数则不显著。综上可知,绿色生产的实现会因农户经营目标的差异展现出不同效果。其他条件不变,相较于功能型农户,生产环节外包对生存型、生产型与生活型农户的绿色生产行为的促进作用更加显著;跨区服务对 4 种类型农户采纳绿色生产行为的作用强弱顺序依次为生产型农户、生存型农户、功能型农户和生活型农户。

表 8-5　异质性讨论

变量	绿色生产行为			
	生存型	生产型	生活型	功能型
生产环节外包	0.1941***	0.1698***	0.5194***	0.1926*
	(0.0189)	(0.0353)	(0.1285)	(0.0807)
跨区服务	0.0376**	0.1330***	0.0732	0.3266*
	(0.0137)	(0.0224)	(0.0643)	(0.1369)
控制变量	已控制	已控制	已控制	已控制
区域虚拟变量	已控制	已控制	已控制	已控制
观测值	772	381	87	61
R^2	0.316	0.332	0.739	0.714

第四节　服务规模经营推动农业绿色发展的政策启示

本研究基于生产环节外包、跨区服务对农户绿色生产行为影响的逻辑推理,利用云南、湖北、江苏三省水稻种植农户的微观调查数据,实证检验了农户绿色生产行为形成机制。主要研究结论有:第一,目前农户对绿色生产技术措施的采纳水平整体偏低,免耕直播、施用有机肥、生物农药、秸秆资源化利用 4

种代表性绿色生产技术措施的采纳比例分别为 5.75%、8.66%、7.17% 和 74.83%；第二，控制其他条件不变，生产环节外包、跨区服务能够显著促进农户绿色生产行为；第三，相较于功能型农户，生产环节外包对生存型、生产型与生活型农户的绿色生产行为的促进作用更加显著；第四，跨区服务对 4 种类型农户绿色生产行为采纳的作用强弱顺序依次为：生产型农户、生存型农户、功能型农户与生活型农户。

　　本研究的理论贡献在于：在现有农户绿色生产行为研究的基础上，突破对农户类型与技术措施的同质化研究，剖析农户经营特征分化视角下的绿色生产行为逻辑，由此揭示服务规模经营推动绿色生产实现路径。本研究的政策启示在于：第一，注重服务供应组织的培育与发展，使其能够根据不同生产经营目标农户的资源禀赋状况，提供针对性、差异化的外包服务，由此促进绿色生产措施的采纳。第二，农业社会化服务的发展有赖于市场需求的充分生成，因此政策重点一方面应关注农业生产的横向分工，即鼓励农户特别是生产型农户开展专业化的连片种植；另一方面应促进农业生产的纵向分工，推动跨区服务发展，鼓励农户参与生产环节外包，促成多样化、创新型的委托代理市场局面，鼓励服务供应商之间的良性竞争，整合市场发展资源，从而激发服务规模经营促进农户绿色生产的可持续潜力。第三，政策层面应充分考虑绿色生产行为主体间的差异，有针对性地进行扶持。例如，功能型农户的目标在于追求农业多元化发展、为创业积累经济资本，所以激励其开展绿色生产的政策重心应在于，在支持这类农户进行绿色生产的自我执行同时，鼓励其更多地参与农业分工，如生产环节外包或参与跨区服务，并尝试为其提供针对性的优惠政策。具体而言，一方面可以通过信贷优惠政策或农业补贴政策提升其采纳绿色生产措施的能力和意愿；另一方面也可以通过雇工或服务外包优惠政策促进其更多地参与农业社会化服务，从而促进其绿色生产行为的采纳。

第九章 研究结论与政策启示

第一节 研究结论

本研究遵循"挖掘机理—模式构建—协同规划—保障实施"的逻辑思路,通过系统的理论分析与实证检验,研究基于流域生态系统特性探析长江经济带农业绿色发展模式及利益关联主体协同响应策略,主要取得的研究结论如下:

第一,长江经济带生态系统和农业生产系统基本实现了自身平稳的发展,两系统间互相促进、相互提升的作用逐渐增强。特征性事实分析表明,在农业生产方面,长江经济带 11 个省市的粮食总产量和农业总产值逐年增长,农业生产状况良好,整体呈现稳步增长的态势;在生态环境方面,长江经济带地区农业生态环境效率均值达到 1.023,整体的农业生产率和生态环境资源产出效率较高。生态系统和农业生产系统发展现状分析表明,1997—2020 年,长江经济带地区的生态系统和农业生产系统综合评价指数由"差—中—良"的发展路径演变,并呈现稳步增长的发展趋势。生态系统和农业生产系统耦合协调发展分析表明,针对耦合度而言,长江经济带生态系统与农业生产系统的耦合关系由"过渡耦合(1997 年)—中度耦合(1998—2004 年)—调和耦合(2005—2015 年)—良好耦合(2016—2020 年)"的发展路径演变;针对耦合协调度而言,长江经济带生态系统和农业生产系统的耦合协调程度沿着"轻度失调衰退型(1997—2003 年)—濒临失调衰退型(2004 年)—勉强协调发展型(2005—2008 年)—初级协调发展型(2009—2017 年)—中级协调发展型(2018—2020 年)"的发展路径演变。

第二,种植结构调整对中国化肥用量的时间阶段性和空间分异性特征产生显著影响。化肥施用量和种植结构均具有较强的空间相关性,且种植结构的空间相关性随时间变动呈增强趋势。不同作物的化肥施用量从高到低顺次为园艺作物、经济作物和粮食作物;不同种植功能区的化肥施用强度则为华南地区和黄淮海地区最高,长江中下游地区和西北地区居中,西南地区和东北地区最低。种植结构对化肥施用量具有显著且负向的直接效应和间接效应。基于生态目标和粮食安全约束考虑的农作物种植结构优化方案,可以显著降低化肥施用总量;若考虑居民农产品消费需求转型,主粮消费需求减少,给予粮食作物调整更宽的空间,"低粮食安全—高化肥减量"的情形可降低 170 万—225 万吨化肥施用量;若考虑全球重大公共卫生事件等不确定性冲击,给予粮食作物调整更高的约束,"高粮食安全—低化肥减量"情形可降低 157 万—217 万吨化肥施用量。

第三,政府、农户、企业和消费者等绿色农业相关利益主体存在动态演化的关系。政府与农户的分析结果及仿真分析表明,农业绿色生产的参与成本与政府激励的高低将显著影响最终结果,但二者的作用机制并不一致。农户与农户之间的分析结果及仿真分析表明,农户参与农业绿色生产是一个不断学习、模仿和调整的策略选择过程,同时,农户参与农业绿色生产的行为会受到其他农户影响的同时也会对其他农户的策略选择产生影响。政府与企业的分析结果及仿真分析显示:政府的积极行动,会加快企业参与农业绿色生产进程,但过多的政府参与往往会增加社会负担。

第四,农地规模经营能够显著正向影响农户绿色生产行为,且该种影响具有直接效应和间接效应。直接效应检验结果显示,基于农地流转与集中、获得农地规模经营优势的农户,通过购置新机械与引进新技术开展自我服务,继而直接促进农户的绿色生产行为;间接效应检验结果显示,开展适度的农地规模经营,可以达成服务的农地规模门槛、促使服务市场容量扩张,继而促进服务市场发展,即实现农地规模经营通过服务外包间接促进农户采纳绿色生产行为。

第五,服务规模经营能显著正向影响农户绿色生产行为,但对不同的农户主体产生差异化的影响。目前农户对绿色生产技术措施的采纳水平整体偏低,免耕直播、施用有机肥、生物农药、秸秆资源化4种代表性绿色生产技术措施的采纳比例分别为 5.75%、8.66%、7.17% 和 74.83%;控制其他条件不变,生产环节外包、跨区服务能够显著促进农户绿色生产行为,该结果经过检验后依然稳健;相较于功能型农户,生产环节外包对生存型、生产型与生活型农户的绿色生产行为的促进作用更加显著;跨区服务对4种类型农户绿色生产行为采纳的作用强弱顺序依次为:生产型农户、生存型农户、功能型农户与生活型农户。

本研究立足于长江流域生态系统的多元化特征,在探析流域内农业绿色发展模式的基础上,突破单一主体视角,分析多元利益关联主体协同响应和行为干预策略,研究创新之处为:

第一,融合"生态对农业的支持与约束、农业对生态的保育与消耗",揭示长江经济带生态系统与农业生产的耦合关系。

本研究对经济带生态系统与农业生产互动关系的考察,突破已有研究单向考察生态对农业或农业对生态影响、重视负反馈(如农业面源污染)而忽略正反馈(如农业的生态多样性贡献)等局限,基于对双向互动机理的分析,客观刻画二者间的正负向反馈关系,同时改进相关理论模型构建相关指标体系,综合运用熵值法、加权 TOPSIS 法以及耦合协调模型对长江经济带生态系统和农业生产之间的耦合协调关系进行研究。由此,本研究所构建的互动机制模型既表现生态对农业的支持和约束,也反映农业对生态的保育与消耗,能够客观揭示长江经济带生态系统与农业生产的耦合关系。

第二,考虑作物品种结构和区域布局结构的匹配,揭示保育长江经济带生态系统的农业绿色发展的模式及优化布局。

农业生产过程中化学投入品的不合理施用给农业绿色发展带来了巨大挑战。本研究以农业生产主要物资投入品——化肥为例,探索其农业绿色发展模式。从现实来看,既有研究多从肥料技术改进(如推广测土配方肥)、要素配置升级(如扩大农地经营规模)与外生力量激励(如政府提供有机肥补贴)视角分析化肥用量影响因素。但化肥用量天然由作物品种及其区位布局决定,即与所种植的作物类型和种植区域的土壤、灌溉和气候等环境特征因素紧密相关。本研究拟考察种植结构对化肥用量及其时空特征的影响,并以作物供需均衡为研究基础,构建起化肥减量目标下各区域的种植结构优化模型,并基于具体的种植情景,揭示出各类主要粮食、经济和园艺作物的化肥施用结构性调整方向。由此客观揭示保育长江经济带生态系统的农业绿色发展的模式及优化布局。

第三,关联农业生产与产品消费系统、行政与市场手段,揭示利益关联主体实施农业绿色发展的协同机制与行为策略。

为保障本研究所构建的发展模式与优化布局可以有效实施,本研究进一步探讨农业绿色发展利益关联主体的协同机制与行为策略。突破已有研究重视政府行政干预和农户绿色技术采纳的局限,本研究将企业市场手段和消费者需求拉动对农业绿色发展的促进作用纳入研究范畴,并使用博弈理论和仿真分析方法,考察政府作为行政主体、企业作为市场主体、农户作为生产主体和消费者作为需求主体,在农业绿色发展中的角色定位与权责利配置,并基于农地规模经营和服务规模经营推动多元利益主体实施绿色发展模式的探索,由此衔接农业生产与消费系统、行政与市场手段,揭示利益主体在参与和促进绿色发展中的行为期望与干预策略,挖掘多元利益关联主体实施绿色发展的协同机制。

第二节　政策启示

在融合生态对农业的支持与约束、农业对生态的保育与消耗等多重条件后,长江经济带的生态系统和农业生产系统存在互相促进、相互提升的耦合作用;基于生态目标和粮食安全约束考虑,长江经济带生态系统的农业绿色发展的模式可进一步优化;最后,政府、农户、企业和消费者等绿色农业相关主体可通过服务规模经营和农地规模经营两种方式实现绿色发展。据此,本研究提出如下政策启示:

第一,重视生态系统与农业生产耦合协同发展。农业绿色发展不仅是生态系统与农业生产两者之间内在联系的客观反映,同时也是解决当前农业产业发展过程中生态、资源、经济等各种相关矛盾的重要路径。生态系统与农业生产的协同发展,一方面,要重点关注生态环境与农业发展间的内部要素结构与功能特征、发展潜势与演变趋势、逻辑关系与作用机制;另一方面,通过对市场、政府和农民等主体行为的引导和调控,拓展行为主体的利益视角,进而促进生态系统与农业生产的耦合协调发展。

第二,改变目前全国通用的"一刀切"减量政策模式,针对各区域颁布并实施差异化的政策设计。首先,明晰化肥减量的重点与非重点区域,具体来说,减量核心区是东北地区和黄淮海地区,次核心区是长江中下游地区和华南地区,非核心区是西南地区和西北地区。其次,发现各区域通过种植结构优化减少化肥用量的策略及其减量效果,通过减少东北地区和长江中下游水稻种植及东北地区和黄淮海地区的玉米种植可有效减少化肥施用量。

第三,激励政府、农户、企业和消费者等相关利益主体的协同参与构建绿色农业发展模式。首先,农业绿色发展过程中,需要加强利益关联主体之间的合作,并且政府特别需要重视环境收益在不同主体之间的公平分配。其次,消费者绿色产品行为对企业绿色生产的意愿也会影响到农业绿色生产进程的推进。因此有必要加强消费者绿色消费认知,从需求与供给两个维度促进农业绿色发展。

第四,重视土地规模经营对绿色生产的推动作用,并鼓励有生产能力优势的农户实现连片种植,实现适度规模经营。首先,为推进农业化学品减量和高质量发展,应鼓励适度的农地规模经营,由此实现直接和间接双重促进效应。其次,应鼓励有生产能力优势的农户,通过土地交易市场转入土地,开展适度规模经营,同时对其采纳机械和新型生产技术提供政府补贴,最大限度地发挥对农户绿色生产行为的直接效应。最后,应鼓励有交易能力优势的农户,通过开展与周边地块的连片种植实现连片规模的扩张,以迂回的方式达成服务规模门槛的要求,然后通过服务外包实现农业绿色发展。

第五,重视服务规模经营对绿色生产的推动作用,并根据农户主体间的差异,有针对性地进行政策扶持。首先,注重服务供应组织的培育与发展,使其能够根据不同生产经营目标农户的资源禀赋状况,提供针对性、差异化的外包服务,由此促进绿色生产措施的采纳。其次,农业社会化服务的发展有赖于市场需求的充分生成,因此政策重点一方面应关注农业生产的横向分工,即鼓励农户特别是生产型农户开展专业化的连片种植,另一方面应促进农业生产的纵向分工,推动跨区服务发展,促成多样化、创新型的委托代理市场局面。最后,政策层面因充分考虑绿色生产行为主体间的差异,有针对性地进行扶持。一方面通过信贷优惠政策或农业补贴政策,另一方面通过雇工或服务外包优惠政策,促进农户参与农业社会化服务,从而鼓励其绿色生产行为的采纳。

参 考 文 献

1. 蔡键、唐忠、朱勇：《要素相对价格、土地资源条件与农户农业机械服务外包需求》，《中国农村经济》2017年第8期。

2. 蔡延泽、龚新蜀、靳媚：《数字经济、创新环境与制造业转型升级》，《统计与决策》2021年第17期。

3. 曹光乔、周力、毛慧：《农业技术补贴对服务效率和作业质量的影响——以秸秆机械化还田技术补贴为例》，《华中农业大学学报（社会科学版）》2019年第2期。

4. 曹瑞芬、张安录：《耕地保护补偿标准及跨区域财政转移机制——基于地方政府经济福利视角的研究》，《中国人口·资源与环境》2015年第10期。

5. 曾福生：《日本、韩国及我国台湾地区农业现代化与湖南之比较研究》，《湖南农业大学学报（社会科学版）》2020年第2期。

6. 陈锋正：《河南省农业生态环境与农业经济耦合系统协同发展研究》，新疆农业大学博士学位论文，2016年。

7. 陈晓景：《流域环境纠纷解决机制建构》，《中州学刊》2011年第6期。

8. 成金华、孙琼、郭明晶、徐文赟：《中国生态效率的区域差异及动态演化研究》，《中国人口·资源与环境》2014年第1期。

9. 仇焕广、苏柳方、张祎彤、唐建军：《风险偏好、风险感知与农户保护性耕作技术采纳》，《中国农村经济》2020年第7期。

10. 崔春晓、李建民、邹松岐：《日本农业科技推广体系的组织框架、运行机制及对中国的启示》，《农业经济》2013年第4期。

11. 单玉红、王琳娜：《农户分化对农地功能供给多样化的影响路径》，《资源科学》2020年第7期。

12. 董莹、穆月英:《农户环境友好型技术采纳的路径选择与增效机制实证》,《中国农村观察》2019 年第 2 期。

13. 杜志雄、金书秦:《从国际经验看中国农业绿色发展》,《世界农业》2021 年第 2 期。

14. 杜志雄、金书秦:《中国农业政策新目标的形成与实现》,《东岳论丛》2016 年第 2 期。

15. 范凌云、刘雅洁、雷诚:《生态村建设的国际经验及启示》,《国际城市规划》2015 年第 6 期。

16. 樊胜岳、李耀龙、马晓杰、刘红:《数字化水平对农业绿色发展影响的实证研究——基于中国 30 个省份的面板数据》,《世界农业》2021 年第 12 期。

17. 方师乐、卫龙宝、伍骏骞:《农业机械化的空间溢出效应及其分布规律——农机跨区服务的视角》,《管理世界》2017 年第 11 期。

18. 费显政、李陈微、周舒华:《一损俱损还是因祸得福？——企业社会责任声誉溢出效应研究》,《管理世界》2010 年第 4 期。

19. 盖美、何亚宁、柯丽娜:《中国海洋经济发展质量研究》,《自然资源学报》2022 年第 4 期。

20. 高晶晶、史清华:《中国农业生产方式的变迁探究——基于微观农户要素投入视角》,《管理世界》2021 年第 12 期。

21. 葛鹏飞、王颂吉、黄秀路:《中国农业绿色全要素生产率测算》,《中国人口·资源与环境》2018 年第 5 期。

22. 龚斌磊、王硕、代首寒、张书睿:《大食物观下强化农业科技创新支撑的战略思考与研究展望》,《农业经济问题》2023 年第 5 期。

23. 郭炳南、唐利、姜彦彦、张浩:《中国生态福利绩效的区域差异、分布动态与随机收敛研究》,《生态经济》2022 年第 5 期。

24. 郭海红、刘新民:《中国农业绿色全要素生产率时空演变》,《中国管理科学》2020 年第 9 期。

25. 韩洪云、杨增旭:《农户农业面源污染治理政策接受意愿的实证分析:以陕西眉县为例》,《中国农村经济》2010 年第 1 期。

26. 何新、姜广辉、张瑞娟、马雯秋、周涛:《基于 Psr 模型的土地生态系统健康时空变化分析——以北京市平谷区为例》,《自然资源学报》2015 年第 12 期。

27. 侯孟阳、姚顺波:《1978—2016 年中国农业生态效率时空演变及趋势预测》,《地理学报》2018 年第 11 期。

28. 胡新艳、陈卓、罗必良:《建设农业强国:战略导向、目标定位与路径选择》,《广东社会科学》2023 年第 2 期。

29. 胡祎、张正河:《农机服务对小麦生产技术效率有影响吗?》,《中国农村经济》2018 年第 5 期。

30. 黄季焜:《农业供给侧结构性改革的关键问题:政府职能和市场作用》,《中国农村经济》2018 年第 2 期。

31. 黄洁、吝涛、胡灯进:《基于网络分析的生态建设评估指标体系定量选取——以福建省为例》,《生态学报》2015 年第 3 期。

32. 黄俊:《非农就业、种植规模与化肥施用》,南京农业大学硕士学位论文,2016 年。

33. 黄玛兰、李晓云、游良志:《农业机械与农业劳动力投入对粮食产出的影响及其替代弹性》,《华中农业大学学报(社会科学版)》2018 年第 2 期。

34. 黄蓉生:《我国生态文明制度体系论析》,《改革》2015 年第 1 期。

35. 黄少坚、冯世艳:《农业绿色发展指标设计及水平测度》,《生态经济》2021 年第 5 期。

36. 黄泰岩、王检贵:《工业化新阶段农业基础性地位的转变》,《中国社会科学》2001 年第 3 期。

37. 黄炎忠、罗小锋:《跨区作业如何影响农机服务获取?》,《华中农业大学学报(社会科学版)》2020 年第 4 期。

38. 巩前文、李学敏:《农业绿色发展指数构建与测度:2005—2018 年》,《改革》2020 年第 1 期。

39. 姜磊、柏玲、吴玉鸣:《中国省域经济、资源与环境协调分析——兼论三系统耦合公式及其扩展形式》,《自然资源学报》2017 年第 5 期。

40. 焦翔:《我国农业绿色发展现状、问题及对策》,《农业经济》2019 年第 7 期。

41. 金书秦、牛坤玉、韩冬梅:《农业绿色发展路径及其"十四五"取向》,《改革》2020 年第 2 期。

42. 李谷成、范丽霞、成刚、冯中朝:《农业全要素生产率增长:基于一种新的窗式 DEA 生产率指数的再估计》,《农业技术经济》2013 年第 5 期。

43. 李谷成:《中国农业的绿色生产率革命:1978—2008 年》,《经济学(季刊)》2014 年第 2 期。

44. 李昊、银敏华、马彦麟、康燕霞、贾琼、齐广平、汪精海:《种植规模与细碎化对小农户耕地质量保护行为的影响——以蔬菜种植中农药、化肥施用为例》,《中国土地科学》2022 年第 7 期。

45. 李红莉、张俊飚、罗斯炫、何可：《农业技术创新对农业发展质量的影响及作用机制——基于空间视角的经验分析》，《研究与发展管理》2021 年第 2 期。

46. 李军：《机械深松对农业粮食增产的必要性探析》，《农机使用与维修》2014 年第 5 期。

47. 李万、常静、王敏杰、朱学彦、金爱民：《创新 3.0 与创新生态系统》，《科学学研究》2014 年第 12 期。

48. 李旭华：《论马克思的人文生态思想》，《理论月刊》2013 年第 1 期。

49. 李裕瑞、杨乾龙、曹智：《长江经济带农业发展的现状特征与模式转型》，《地理科学进展》2015 年第 11 期。

50. 李志英、薛梦柯、李文星：《"三生"视角下生态效率研究进展》，《生态经济》2023 年第 11 期。

51. 刘奔腾、杨程、张婷婷：《生态宜居视角下的黄土高原乡村建设质量评价——以陇东地区为例》，《干旱区资源与环境》2023 年第 4 期。

52. 刘乐、张娇、张崇尚：《经营规模的扩大有助于农户采取环境友好型生产行为吗：以秸秆还田为例》，《农业技术经济》2017 年第 5 期。

53. 刘伟林：《黑龙江：开展"质量兴农护绿增绿"专项行动》，《中国食品》2017 年第 14 期。

54. 刘轶、王倩娜、廖奕晴：《成都都市圈生态与社会经济系统耦合协调动态演化、多情景模拟及其政策启示》，《自然资源学报》2023 年第 10 期。

55. 刘峥：《组织化管理、技术性贸易壁垒与农产品质量安全——基于浙江临海西兰花产业的分析》，《财贸研究》2011 年第 3 期。

56. 刘祖云、刘传俊：《后生产主义乡村：乡村振兴的一个理论视角》，《中国农村观察》2018 年第 5 期。

57. 卢洪友、杜亦譔、祁毓：《生态补偿的财政政策研究》，《环境保护》2014 年第 5 期。

58. 栾江、仇焕广、井月、廖绍攀、韩炜：《我国化肥施用量持续增长的原因分解及趋势预测》，《自然资源学报》2013 年第 11 期。

59. 罗必良：《从产权界定到产权实施——中国土地经营制度变革的过去与未来》，《农业经济问题》2019 年第 1 期。

60. 罗必良：《论服务规模经营：从纵向分工到横向分工及连片专业化》，《中国农村经济》2017 年第 11 期。

61. 罗必良：《推进我国农业绿色转型发展的战略选择》，《农业经济与管理》2017年第6期。

62. 罗必良：《小农经营、功能转换与策略选择：兼论小农户与现代农业融合发展的"第三条道路"》，《农业经济问题》2020年第1期。

63. 罗必良：《要素交易、契约匹配及其组织化——"绿能模式"对中国现代农业发展路径选择的启示》，《开放时代》2020年第3期。

64. 罗必良：《增长、转型与生态化发展——从产品性农业到功能性农业》，《学术月刊》2021年第5期。

65. 罗必良：《重新认识农业在经济发展中的作用》，《农业现代化研究》1990年第1期。

66. 马克思、恩格斯：《马克思恩格斯文集》，人民出版社1958年版。

67. 马晓春、宋莉莉、李先德：《韩国农业补贴政策及启示》，《农业技术经济》2010年第7期。

68. 尼斯·米都斯、梅多斯、李宝恒：《增长的极限：罗马俱乐部关于人类困境的报告》，吉林人民出版社1997年版。

69. 潘丹、孔凡斌：《养殖户环境友好型畜禽粪便处理方式选择行为分析——以生猪养殖为例》，《中国农村经济》2015年第9期。

70. 彭秀丽、马晓迪：《新时代农业面源污染治理绩效评价研究综述》，《农村经济与科技》2023年第15期。

71. 秦伟山、张义丰、袁境：《生态文明城市评价指标体系与水平测度》，《资源科学》2013年第8期。

72. 任志远、徐茜、杨忍：《基于耦合模型的陕西省农业生态环境与经济协调发展研究》，《干旱区资源与环境》2011年第12期。

73. 石志恒、符越：《农业社会化服务组织、土地规模和农户绿色生产意愿与行为的悖离》，《中国农业大学学报》2022年第3期。

74. 史常亮、李赟、朱俊峰：《劳动力转移、化肥过度使用与面源污染》，《中国农业大学学报》2016年第5期。

75. 宋浩楠、栾敬东、张士云、江激宇：《土地细碎化、多样化种植与农业生产技术效率——基于随机前沿生产函数和中介效应模型的实证研究》，《农业技术经济》2021年第2期。

76. 孙才志、李博、郭建科、彭飞、闫晓露、盖美、刘天宝、刘锴、王泽宇、狄乾斌、赵良仕、刘桂春、钟敬秋、孙康：《改革开放以来中国海洋经济地理研究进展与展望》，《经济地理》2021 年第 10 期。

77. 孙杰、周力、应瑞瑶:《精准农业技术扩散机制与政策研究——以测土配方施肥技术为例》,《中国农村经济》2019 年第 12 期。

78. 唐启飞、何蒲明:《农业生态环境——粮食生产——农业补贴耦合协调发展研究——以湖北省为例》,《生态经济》2019 年第 9 期。

79. 唐晓华、张欣珏、李阳:《中国制造业与生产性服务业动态协调发展实证研究》,《经济研究》2018 年第 3 期。

80. 田启波:《习近平生态文明思想的世界意义》,《北京大学学报(哲学社会科学版)》2021 年第 3 期。

81. 王华书、徐翔:《微观行为与农产品安全——对农户生产与居民消费的分析》,《南京农业大学学报(社会科学版)》2004 年第 1 期。

82. 王火根、胡霜:《农业绿色发展背景下资源—环境—经济耦合协调发展研究——以江西为例》,《中国农业资源与区划》2023 年第 8 期。

83. 王建华、钭露露、马玲:《农户融入农业绿色生产转型的驱动机制分析——以农户农业废弃物资源化利用为例》,《南京农业大学学报(社会科学版)》2023 年第 5 期。

84. 王翌秋、徐丽、曹蕾:《"双碳"目标下农业机械化与农业绿色发展——基于绿色全要素生产率的视角》,《华中农业大学学报(社会科学版)》2023 年第 6 期。

85. 魏锋:《绿色生产理论及其应用》,《生态经济》2002 年第 1 期。

86. 吴传清、宋子逸:《长江经济带农业绿色全要素生产率测度及影响因素研究》,《科技进步与对策》2018 年第 17 期。

87. 吴真、李天相:《日本循环经济立法借鉴》,《现代日本经济》2018 年第 4 期。

88. 伍骏骞、方师乐、李谷成、徐广彤:《中国农业机械化发展水平对粮食产量的空间溢出效应分析——基于跨区作业的视角》,《中国农村经济》2017 年第 6 期。

89. [美]西奥多·舒尔茨:《改造传统农业》,梁小民译,商务印书馆 1999 年版。

90. [美]西蒙·库兹涅茨:《现代经济增长》,商务印书馆 1961 年版。

91. 肖风劲、欧阳华:《生态系统健康及其评价指标和方法》,《自然资源学报》2002 年第 2 期。

92. 谢艳乐、祁春节:《农业高质量发展与乡村振兴联动的机理及对策》,《中州学刊》2020 年第 2 期。

93. 徐卫涛、张俊飚、李树明、周万柳:《循环农业中的农户减量化投入行为分析——基于晋、鲁、鄂三省的化肥投入调查》,《资源科学》2010 年第 12 期。

94. 徐雨晴、肖风劲:《气候变化背景下长江经济带生态环境状况变化及其研究综》

述》，《云南地理环境研究》2021 年第 2 期。

95. 严功岸、刘瑞峰、马恒运：《为什么要保护绿色认证生产者的利益——来自河南西峡猕猴桃的证据》，《农业技术经济》2019 年第 6 期。

96. 杨祁云、孙大元、刘平平：《信息化管理生态补偿机制在广东省农业面源污染治理中的实践与成效》，《生态经济》2023 年第 11 期。

97. 杨骞、王珏、李超、刘鑫鹏：《中国农业绿色全要素生产率的空间分异及其驱动因素》，《数量经济技术经济研究》2019 年第 10 期。

98. 杨肃昌、范国华：《农业要素市场化对农村生态环境质量的影响效应》，《华南农业大学学报（社会科学版）》2021 年第 20 期。

99. 杨锁华、胡守庚、瞿诗进：《长江中游地区生态系统服务价值的地形梯度效应》，《应用生态学报》2018 年第 3 期。

100. 杨文杰、巩前文：《城乡融合视域下农村绿色发展的科学内涵与基本路径》，《农业现代化研究》2021 年第 1 期。

101. 杨秀玉、乔翠霞：《农业产业集聚对农业碳生产率的空间溢出效应——基于财政分权的调节作用》，《中国人口·资源与环境》2023 年第 2 期。

102. 姚科艳、陈利根、刘珍：《农户禀赋、政策因素及作物类型对秸秆还田技术采纳决策的影响》，《农业技术经济》2018 年第 12 期。

103. 叶初升、惠利：《农业财政支出对中国农业绿色生产率的影响》，《武汉大学学报（哲学社会科学版）》2016 年第 3 期。

104. 尹昌斌、程磊磊、杨晓梅、赵俊伟：《生态文明型的农业可持续发展路径选择》，《中国农业资源与区划》2015 年第 1 期。

105. 于法稳：《新时代农业绿色发展动因、核心及对策研究》，《中国农村经济》2018 年第 5 期。

106. 张斌、金书秦：《荷兰农业绿色转型经验与政策启示》，《中国农业资源与区划》2020 年第 5 期。

107. 张复宏、宋晓丽、霍明：《果农对过量施肥的认知与测土配方施肥技术采纳行为的影响因素分析——基于山东省 9 个县（区、市）苹果种植户的调查》，《中国农村观察》2017 年第 3 期。

108. 张红宇：《准确把握农地"三权分置"办法的深刻内涵》，《农村经济》2017 年第 8 期。

109. 张虎、张毅、韩爱华：《我国产业链现代化的测度研究》，《统计研究》2022 年第 11 期。

110. 张建杰、崔石磊、马林、孟凡磊、宋晨阳、李雨濛、马文奇：《中国农业绿色发展指标体系的构建与例证》，《中国生态农业学报（中英文）》2020年第8期。

111. 张建威、黄茂兴：《黄河流域经济高质量发展与生态环境耦合协调发展研究》，《统计与决策》2021年第16期。

112. 张利国、谭笑、肖晴川、刘爱文：《基于气候资源投入的中国农业生态效率测度与区域差异》，《经济地理》2023年第4期。

113. 张露、梁志会、普雁翔：《长江经济带测土配方施肥技术效果及其改进——基于滇、鄂、苏三省水稻种植的实证分析》，《华中农业大学学报》2021年第3期。

114. 张露、罗必良：《农业减量化及其路径选择：来自绿能公司的证据》，《农村经济》2019年第10期。

115. 张露、罗必良：《小农生产如何融入现代农业发展轨道？——来自中国小麦主产区的经验证据》，《经济研究》2018年第12期。

116. 张露、罗必良：《中国农业的高质量发展：本质规定与策略选择》，《天津社会科学》2020年第5期。

117. 张露：《小农分化、行为差异与农业减量化》，《农业经济问题》2020年第6期。

118. 张荣天、焦华富：《中国省际城镇化与生态环境的耦合协调与优化探讨》，《干旱区资源与环境》2015年第7期。

119. 张天佐、郭永田、杨洁梅：《基于价格支持和补贴导向的农业支持保护制度改革回顾与展望》，《农业经济问题》2018年第11期。

120. 张跃胜、邓帅艳、张寅雪：《城市经济韧性研究：理论进展与未来方向》，《管理学刊》2022年第2期。

121. 赵大伟：《中国绿色农业发展的动力机制及制度变迁研究》，《农业经济问题》2012年第11期。

122. 赵会杰、于法稳：《基于熵值法的粮食主产区农业绿色发展水平评价》，《改革》2019年第11期。

123. 赵佳琪：《中国特色社会主义生态文明理念指导下的绿色农业发展问题研究》，《农业经济问题》2023年第4期。

124. 郑适、陈茜苗、王志刚：《土地规模、合作社加入与植保无人机技术认知及采纳：以吉林省为例》，《农业技术经济》2018年第6期。

125. 郑玉雨、葛察忠、于法稳：《低碳视角下农业集约化、绿色化与资源再生化的实现机制研究》，《华中农业大学学报（社会科学版）》2022年第1期。

126. 中共中央文献研究室编：《习近平关于社会主义生态文明建设论述摘编》，中央文献出版社 2017 年版。

127. 中国赴美农业保险考察团：《美国农业保险考察报告》，《中国农村经济》2002 年第 1 期。

128. 钟丽娜、吴惠芳、梁栋：《集体统筹：小农户与现代农业有机衔接的组织化路径——黑龙江省 K 村村集体土地规模经营实践的启示》，《南京农业大学学报（社会科学版）》2021 年第 2 期。

129. 朱齐超、李亚娟、申建波、徐玖亮、侯勇、佟丙辛、许稳、张福锁：《我国农业全产业链绿色发展路径与对策研究》，《中国工程科学》2022 年第 1 期。

130. 朱小会、陆远权：《美国与欧盟环境保护财税政策经验及启示》，《环境保护》2018 年第 14 期。

131. Adom, P. K., Adams, S., "Decomposition of Technical Efficiency in Agricultural Production in Africa into Transient and Persistent Technical Efficiency under Heterogeneous Technologies", *World Development*, Vol.129, No.2, 2020.

132. Chen, Y. H., Wen, X. W., Wang, B., Nie, P. Y., "Agricultural Pollution and Regulation: How to Subsidize Agriculture?", *Journal of Cleaner Production*, Vol.164, 2017.

133. Coleman, J. S., "Social Capital in the Creation of Human Capital", *American Journal of Sociology*, 1988.

134. Cui, Z., Zhang, H., Chen, X., Zhang, C., Ma, W., Huang, C···Dou, Z., "Pursuing Sustainable Productivity with Millions of Smallholder Farmers", *Nature*, Vol.555, No.7696.

135. David Ricardo., *The Principle of Political Economy and Taxation*, London: Gaemsey Press, 1817.

136. Dietz, T., Rosa, E. A., "Effects of Population and Affluence on CO_2 Emissions", *Proceedings of the National Academy of Sciences*, Vol.94, No.1, 1997.

137. Domar, E. D., "Capital Expansion, Rate of Growth, and Employment", *Econometrica*, *Journal of the Econometric Society*, 1946.

138. Elhorst, J.P., "Applied Spatial Econometrics: Raising the Bar", *Spatial Economic Analysis*, Vol.5, No.1, 2010.

139. Guo, J.H., Liu, X.J., Zhang, Y., Shen, J.L., Han, W.X., Zhang, W.F···Zhang, F.S., "Significant Acidification in Major Chinese Croplands", *Science*, Vol.327, No.5968, 2010.

140. Harrod R F., *Towards a Dynamic Economics: Some Recent Developments of Theory and Their Applications to Policy*, Greenwood Press Reprint, 1946.

141. Hellerstein, D. M., "The US Conservation Reserve Program: The Evolution of an

Enrollment Mechanism", *Land Use Policy*, Vol.63, 2017.

142. Hu, L.X., Zhang, X.H., Zhou, Y.H., "Farm Size and Fertilizer Sustainable Use: An Empirical Study in Jiangsu, China", *Journal of Integrative Agriculture*, Vol.18, No.12, 2019.

143. Ji, L., Xu, C. C., Li, F. B., Fang, F. P., "Impact of Farmland Management on Fertilizer Reduction in Rice Production", *Resources Science*, Vol.40, No.12, 2018.

144. Lu, Y. L., Kang, T. T., Gao, J. B., Chen, Z. J., Zhou, J. B., "Reducing Nitrogen Fertilization of Intensive Kiwifruit Orchards Decreases Nitrate Accumulation in Soil without Compromising Crop Production", *Journal of Integrative Agriculture*, Vol.17, No.6, 2018.

145. Mao, H., Zhou, L., Ifft, J., Ying, R., "Risk Preferences, Production Contracts and Technology Adoption by Broiler Farmers in China", *China Economic Review*, Vol.54, 2019.

146. Mason, N.M., Jayne, T.S., Van De Walle, N., "The Political Economy of Fertilizer Subsidy Programs in Africa: Evidence from Zambia", *American Journal of Agricultural Economics*, Vol.99, No.3, 2017.

147. Mi, W., Zheng, S., Yang, X., Wu, L., Liu, Y., Chen, J., "Comparison of Yield and Nitrogen Use Efficiency of Different Types of Nitrogen Fertilizers for Different Rice Cropping Systems under Subtropical Monsoon Climate in China", *European Journal of Agronomy*, Vol.90, 2017.

148. Miller, A. H., Borrelli, S. A., "Confidence in Government during the 1980s", *American Politics Quarterly*, Vol.19, No.2, 1991.

149. North D C., "Institutions, Institutional Change, and Economic Performance", Cambridge University Press, 1990.

150. OECD, "OECD Core Set of Indicators for Environmental Performance Reviews," Paris: OECD, 1993.

151. OECD, "Towards Sustainable Development: Environment Indicators 2001", Paris: OECD Publishing, 2002.

152. Qi, X., Dang, H., "Addressing the Dual Challenges of Food Security and Environmental Sustainability during Rural Livelihood Transitions in China", *Land Use Policy*, Vol.77, 2018.

153. Rosen, S., "Specialization and Human Capital", *Journal of Labor Economics*, Vol.1, No.1, 1983.

154. Schultz, T.W., "Transforming Traditional Agriculture", New Haven: Yale University Press, 1964.

155. Scott, J., *The Moral Economy of the Peasant*, New Haven: Yale University Press, 1976.

156. Solow, R. M., "Technical Change and the Aggregate Production Function", *The Review of Economics and Statistics*, 1957.

157. Steadman, J. M., "Some Graver Subject: An Essay on Paradise Lost", *Modern Language Quarterly*, Vol.22, No.4, 1961.

158. Tansley, A. G., "The Use and Abuse of Vegetational Concepts and Terms", *Ecology*, Vol.16, No.3, 1935.

159. Valerie I., *The Penguin Dictionary of Physics*, Beijing Foreign Language Press, 1996.

160. Wang, S., Yang, L., Su, M., Ma, X., Sun, Y., Yang, M…Liu, X., "Increasing the Agricultural, Environmental and Economic Benefits of Farming Based on Suitable Crop Rotations and Optimum Fertilizer Applications", *Field Crops Research*, Vol.240, 2019.

161. Willy, D.K., Holm-Müller, K., "Social Influence and Collective Action Effects on Farm Level Soil Conservation Effort in Rural Kenya", Ecological Economics, Vol.90, 2013.

162. Wu, Y., Xi, X., Tang, X., Luo, D., Gu, B., Lam, S. K… Chen, D., "Policy Distortions, Farm Size, and the Overuse of Agricultural Chemicals in China", *Proceedings of the National Academy of Sciences*, Vol.115, No.27, 2018.

163. Yang, J., Lin, Y., "Spatiotemporal Evolution and Driving Factors of Fertilizer Reduction Control in Zhejiang Province", *Science of The Total Environment*, Vol.660, 2019.

164. Zhang, L., Yan, C., Guo, Q., Zhang, J., Ruiz-Menjivar, J., "The Impact of Agricultural Chemical Inputs on the Environment: Global Evidence from Informetrics Analysis and Visualization", *International Journal of Low-Carbon Technologies*, Vol.13, No.4, 2018.

165. Zhang, X., Davidson, E. A., Mauzerall, D. L., Searchinger, T. D., Dumas, P., Shen, Y., "Managing Nitrogen for Sustainable Development", *Nature*, Vol.528, No.7580, 2015.

166. Zhang, X., Yang, J., Thomas, R., "Mechanization Outsourcing Clusters and Division of Labor in Chinese Agriculture", *China Economic Review*, Vol.43, 2017.